曽我文宣
SOGA Fuminori

楽《らく》日《び》は来るのだろうか

物理学研究者の、
未来への展望と今この時、
その重要性の如何に想いを致すエッセイ

丸善プラネット

まえがき

大相撲の千秋楽の語源は、調べてみると、雅楽を演奏する際、一日の最後の曲には祝言の意味から必ず「千秋楽」を演奏したという古い風習によっているとのことである。千秋は物事の終わりをしめす。また能の付祝言において、「高砂」の「千秋楽は民を撫（な）で」以下が謡われることが多かったためとする説が一般的である、とも書いてあった。

千秋はまた、千年であり長い年月の意味でもあり、「一日千秋の思い」の場合は、待ち遠しくて一日が千年にも感じられる、ということでもある。千秋楽はそれに比べれば短いが一五日間の大相撲の最後は大団円で楽しく終わろうということであろう。

さて、それがいろいろのことを考えさせる。人生も終わる時は千秋楽と言えるようになりたい。しかし、いつが終りかどうか、相撲の興業と違ってあらかじめ予測がつかない。そうなると、毎日が千秋楽と思って過ごすしかない。しかし、朝から、楽しくとばかり考えていたのでは、民謡「会津磐梯山」の小原庄助さんになってしまう。すなわち、私も憧れる朝寝、朝酒、朝湯が大好きであっても、これは温泉地の住民でなければ、実現は不可能である。

実際、一日を過ごす段になると、いろいろ仕事もあるし、私のような年金生活者でも、会議もあれば時には講義・講演のある日もあって、およそ朝からのんびりと、という訳にはいかない。仕事をするのがいちばん幸福な時なのだということを、古今の偉い何人もの人が言っている。要するに、なにが楽しいという状態なのかということが人によってまちまちなのである。

楽しいの楽、楽ちんの楽、こんな事は楽々できる、という楽は確かに楽しい。しかし、苦労が楽しいという人もいる。気楽の楽、道楽の楽、苦楽を気にせず楽天的な気持ちで過ごそうか、という気持ちになることもあるが、長くは続かない。

日野原重明氏は、ある著書で、「石橋湛山先生は同じく新約聖書の『マタイによる福音書』六章三四節の『明日のことを思いわずらうな』という聖句をよく色紙に書いて人に渡されたという。この聖句の続きは、『明日のことは明日自身が思いわずらうであろう。一日の苦労はその日一日だけで十分である』となっている」と述べている。これは、「一日を全力で生きよ。そうした時、明日のことを考える必要はない。一旦、息を抜いて楽天的になれ。明日はまた明日で、そこで全力を尽くせ」という風に読める。明日は明日の風が吹く、だから、考えようによっては、楽天的になるには、それ相応の努力が必要だということであろう。

日本人は一般に楽天的かと言えば、そうとは言えない。南太平洋の島々に住む人々の中には、食料はいつでも手に入り、ついついのんびりと時を過ごす住民が多いだろう。ところが日本人はどうかというと、観光とか、ハイキング、旅行の時、それもほんの数日だけが、ただ楽しむことに熱中できるのではないかと思う。

一ヶ月の夏季休暇を地中海のリゾートでゆっくり楽しむというある種のフランス人のような生活は、かえって日本人に苦痛をもたらすのではないか。日本人はなにか少なくとも働いていないと落ち着かないといった性質があるような気がする。この勤勉さが資源貧国でありながら、経済大国である由縁であろう。

私は、毎日、寝る前に今日は何をして過ごしたろうと思い返し、行動のメモを心覚えとして手帳に書きつけているのだが、そこに午前、午後、夕刻後と書きこもうとして、空白があると、自分に対して不満がおきる。何かしたはずだと思うのである。何もしないでボーッと過ごすことを一度はして見たいと考えているのだが、そういう日は一生に何度くらい訪れるのだろうか。

たぶん、病気になって寝床にずっと居なければならないという日がくるまでは、限りある命と思って、相変わらず、時間を惜しんで過ごすのではないかと思う。そういう気持ちは、年を取るごとに切実になってきている。電車、バスを待つ一五分も本を読むし、電車に乗れば必ず本を読む。人を待つ時も必ず本を持っていく。「本こそ我が命」という気分になっている。

この本で、私の本は一〇冊目というきりのよい数字になったので、こんな表題にしたのだが、今が楽日という感じはしない。というより楽日とは思いたくない。まだまだ判然とはしないのだが、生きたい、充実した毎日を持ちたいという欲があるのである。

性格はなかなか変えられない。本当の楽日はいつ来るのだろうか。来ないのであろうか。あるいは現在、ささやかながらも好き勝手な生活を送っている毎日の状態がもう楽日と言うべきなのであろうか。

目　次

《付記》本書においては、原文引用および写真転載にあたり、原則として次の要領に従っています。

(1) 著者による注記は、【 】で示した。

(2) ふりがなは、（ ）内に記した。

(3) 中略部分については、三点リーダ（……）で示した。

第一章　科学とその周辺

予知の問題（地震、噴火）

予知という言葉が、日本で一番初めに人口に膾炙されるようになったのは信州の松代群発地震が起こった一九六〇年代後半であったらしく「地震予知連絡会」が作られ、よくニュースに出るようになった。その後の半世紀の間に、大きな地震は、言うまでもなく一九九五年の阪神淡路大震災（死者・行方不明者六四三七人）、二〇一一年の東日本大震災（同約一万九千人）、の二つであるが、その他にもいろいろあって、記憶が薄れているので調べてみると、五〇年代に十勝沖地震で死者・行方不明者三三人、六〇年代に新潟地震、十勝沖地震、七〇年代に伊豆半島沖で二回、宮城県沖でといずれも死者二〇人以上を出している。八〇年代では、日本海中部地震の大津波で死者一〇四人、長野県西部地震で死者・行方不明者二九人、九〇年代は、北海道南西沖地震（奥尻島地震）で死者二三〇人、北海道東方沖地震で一一人、二〇〇〇年以後は、二〇〇四年新潟中越地震で死者六八人、二〇〇八年岩手・宮城内陸地震で死者・行方不明者二三人、二〇一六年の熊本地震は前震の二日後に本震があるという今迄に聞いた事のない起こり方であったが死者は五〇人となっている。この他にも数人の死者が出たという地震は日本全国中でしょっちゅう起こって来た。正に日本は地震王国である。

外国ではどうだろうか。私にとって思い出深いのは、アメリカ・インディアナ大学に客員研究員として三年ほど滞在した時に、最初、アメリカに着いた一九七八年にバークレイからロスアンゼルスに向かうレンタカーから見たオークランドベイ・ブリッジが一九八九年にカリフォルニア地震で落ちたことである。これは、調べてみると北アメリカプレートと太平洋プレートが一年に五センチづつずれて動いていることによって、カリフォルニア州には南部から西部にかけて長さ約一三〇〇キロに亘る巨大なサンアンドレアス断層があり、それが原因だということである。この時、M六・九、死者六三人とあった。その他、ここ数年ほどを調べて見ると、M七・〇を前後する地震は、アリューシャン列島、カムチャッカ半島、インドネシア、ニューギニア、ニュージーランド、チリ、南太平洋および西太平洋の島々など、圧倒的にいわゆる環太平洋火山帯に多く発生している。年間一五〜二〇件起こっているから相当な数である。

被害の大きさという点では、一九七六年の中国の唐山、死者二五万人、二〇〇八年の四川省、死者約七万人、二〇〇五年のパキスタンカシミール地方の八・五万人などであるが、アジアのこういう国々の統計はあまり正確でなく、数値にも諸説あるようだ。ヨーロッパでは、ほとんどなく、中近東で一九九〇年七月イランのルードバールで死者四万人、一九九九年八月のトルコのイズミットの死者一・七〜四・五万人、あと二〇一〇年の西カリブ海のハイチでの死者三一・六万人が大きい所のようである。

地形的には、日本は北米プレート、ユーラシアプレート、太平洋プレート、フィリピン海プレートの四つの地下のプレートが互いにひしめき合っていて、それらが原因となっているというのは、今や広く知られている事実である。日本での地震観測の為の震度計は、いろいろなタイプがあり、気象庁などでは一千ヶ所、各自治体などでは三千台位というのだから、約四千台あることになる。この間に「地震予知連絡会」では多くの議論がなされてきたが、これらの地震計は起こった地震の性質を解析するには強力であっても、地震の予知をすることにはほとんど役に立ってはいないことになる。というのは、起こる可能性があるという注意はされても、今迄に正確に地震が予知されたことなど、ほとんどないからである。

これに関しては、私が若い頃、旺文社の受験冊子『物理の傾向と対策』の著者で有名であった地球物理学者で、雑誌『ニュートン』を創刊した竹内均氏が生前、以下のように述べていた（『継続の天才 竹内均』（野田昌宏監修、扶桑社、二〇〇四年）より、この本は第一部「竹内先生、人生を語る」と第二部「竹内先生の思い出」より構成され、第一部は二〇〇一年の本人に対するインタビューが文章化されている）。

「……こうして私は、地震についての学問的な基礎を築くことに力を注いだのだが、いわゆる『地震予知』というものについて、私自身は懐疑的だ。地震国の日本では、地震予知という政策に対して何十億円もの予算が投じられている。だが、こうした『地震予知』で本当に役立つものはない。なぜなら、地震がおきるのは、たぶんに確率統計的な現象だからだ。

なぜ地震予知に巨額な予算が投じられているかと言えば、それは地震の被害を最小限に軽減するためである。私の意見では、地震予知をするのは困難なのであるから、その技術研究に予算を使うより、むしろ地震災害の直接的な被害を少なくするための防災に国費を投じるべきだ」。

実際に、それ以後の経過によっても、このような意見は相当の数の、あるいはほとんどの地震学者の共通意見になっているのではないかと想像する。例えば、『文藝春秋』二〇一五年八月号で、元東京大学地震研究所特別研究員の泊次郎氏は「地震予知はあきらめよう」と題して寄稿している。氏は地震予知研究の歴史を研究しているとのことだが、地震予知ができることを大前提として一九七八年に作られた大規模地震対策特別予知法は今も健在であるという。この法律は科学の研究段階を無視した政治的産物で、その後東日本大震災を受けて南海トラフ巨大地震（「東海地震」、「東南海地震」、「南海地震」の三つが連動して起こる地震）に備えるための「南海トラフ地震防災対策特別措置法」は地震予知ができないことを前提にした上で、地震発生後の防災、減災対策を重視した内容に変わっていると述べている。そういうことだから社会的にも、東日本大震災の後、原子力発電所の設置場所には、海岸に対して高さ十数メートルの津波の防波堤が築かれたところが多い。

また、丸善の会報である『学鐙』の二〇一六年秋号（一一三巻、第三号）では、東京大学大学院理学系研究科教授のロバート・ゲラー氏が、アメリカでは一九七〇年代末に予知研究はほぼ行われなくなったと述べている。これは信憑性のある前兆現象と認められる事例が一つもないということでこの考え方の根本的欠陥が明らかになったからだという。現在、「地震予知連絡会」は、国土交通省、国土地理院から任命された学識経験者および行政職員三〇名によって定期的会合が行われているようで、その議事録も瞥見すると、ほとんど全てが今迄に起こった地震の詳細な解析を行っている報告であり、その項目はかなりの数にのぼっている。ということはそれだけ日本では地震が頻発しているということである。その意味で、多くの研究者によって非常に真面目に研究が継続されているとの印象である。

二〇一六年八月、気象庁は、熊本地震の地震調査委員会の報告を受けて、今後は「余震」という言葉を使用しないことを決定した。これは、熊本地震が、M六・五の「前震」のあとにM七・三の「本震」があったため、その時、前震の後に気象庁が発表したような「今後、余震に気をつけてください」というように、今迄多かった本震のあとにそれより軽い余震が続くということには必ずしもならないということからであるという説明であった。

もう一つ、予知という言葉が使われる重要な自然災害は、火山の噴火である。「火山噴火予知連絡会」で、国土交通省傘下の気象庁に設置されている。

我々にとって、何と言っても近年の最大の噴火は二〇一四年の木曽御嶽山の水蒸気爆発と言われる噴火で、ＮＨＫによる携帯ビデオ機による凄まじい映像は実に生々しい実感を伴うものであった。快晴の青空で、もくもくと登り拡がっていく灰色の噴火雲、それを当初気がつかずにたんたんと歩いている登山客の姿との対比はあまりにも鮮烈であった。被災した死者・行方不明者は六三人で、灰だらけになった山小屋の周辺ではまだ未発見の遺体の捜索が続けられている模様である。

その次に思い出すのは、一九九一年（平成三年）の雲仙普賢岳の噴火である。この時にもテレビで火砕流に伴う粉塵の塊が押し寄せるのを背にして、こちらに必死で逃げて来る報道関係者の映像がでて、その恐ろしさがまざまざと映しだされたのであった。この時の被害は報道関係者を中心に死者・行方不明者が四六名で、この時、新しくできた溶岩ドームは普賢岳の最高峰となり平成新山と命名された。

私も一九九八年長崎で放射線影響学会があった時に、普賢岳山頂近くの仁田峠までケーブルカーで出掛けたが、その噴火あとは一面火砕流に覆われていた。

信州の浅間山、鹿児島県の桜島、熊本県の阿蘇の中岳などは、頻繁に噴煙があがり、しょっちゅう警戒警報が出されているが、二、三年前は箱根の大涌谷が大変活発になって、地元は観光客が激減して大弱りというニュースも出た。これは最近収まりつつあるようだが、住民にとっては、全くどうしようもない自然の変化で、ひたすら祈るしかない、というような有様である。

車窓からの普賢岳

仁田峠からの普賢岳を背景に

流れ出た火砕流の後、遠くは島原湾

二〇一六年一〇月には、阿蘇の中岳が三六年ぶりに大噴火を起こし、多大な噴石や火山灰を噴き上げて、地元の熊本だけでなく遠くは四国まで砂が一面に降ったという。

世界ではどうだろうか。歴史的にはイタリアのベスビオ火山の大噴火でポンペイの街が埋まってしまったのが紀元七九年、この時の死者は約二〇〇〇人と推定されている。発掘されたポンペイは私も訪れたことがあるが今は有名な観光地になっている。近世では一八一五年にインドネシアのバリ島のさらに東、スンバワ島のタンボラ山の噴火が最大のものとされ、およそ一〇万人の死者が出たという。これらはもちろん予知ということを考えてもいない頃の話である。

二〇世紀に入って、調べて見ると、一番の噴火による人命被害は、一九〇二年西インド諸島の小さなフランス領マルチニク島のプレー山で、約三万人が死亡している。次がコロンビアのネバドデルルイス山で一九八五年、約二万一千人の死亡者となった。

たまたまであるが、私は火口で真っ赤なマグマがぼこぼこと地表に湧き出ている画像をテレビで見たことがある。それはエチオピア北部の砂漠にあるエルタ・アレ山で（高さ六〇〇メートル程）、溶岩の粘度が高く、噴火しないので、有名な観光地になっているようだ。地球の風景もさまざまであることを知って興味深かった。

火山予知の現状はどうであろうか。一九九一年のフィリピンのルソン島、マニラから西に約九五キロ離れたピナツボ火山の噴火では標高が一七四五メートルから約二六〇メートルも低くなった大噴火であったのだが、そこまでに到る過程が徐々にかなり長くかかって警戒措置の時間的余裕があったので、死者は数百人程度だった。一九九四年のパプア・ニューギニアのニューブリテン島のダブルブル山の噴火では近くのラバウルの街の三分の二が壊滅したそうだが、予知による避難命令によって、人的被害は非常に少なく、死者はゼロだったそうである。

現在の活火山の定義は、「概ね過去一万年以内に噴火した火山及び現在活発な噴気活動のある火山」となっていて、日本には活火山が一一〇ヶ所存在する（休火山とか死火山という言葉はなくなった）。御嶽山の大噴火のあとであっただろうか、火山噴火予知連絡会の藤井敏嗣会長がテレビで述べていた。「噴火の予知はなかなかできない。活火山のうち、その周辺で観測機器が一応存在するのは、四七ヶ所である。一番問題なのは、研究している人材が少ないことである。理由は、火山は噴火することが稀で、論文はなかなか書けず大学などで研究者が育っていないことである」と。

確かに、研究者にとっては、学術論文を書くことが最大の仕事であり、それがなければ研究者として評価されず、特に若い頃は何が何でも論文を、というのは経験者である私には痛いほどわかる。私がアメリカにいた頃、研究所のトイレには紙が貼られており、それには「紙がなければ、あなたの仕事は終わらない」と冗談含みの漫画入りで、書かれていた。また“Publish or Perish”（発表するか、さもなければ滅びるか）という言葉も、研究者の間では有名な文章である。

特に欧米では、論文至上主義であり、論文の雑誌に載った数で、翌年の研究所に与えられる予算額も決定されるというような面があるから、皆が必死で論文を書く。自ら実験を行うような研究分野では、いくらでも頑張る余地はあるのだが、噴火のような現象は、全く対象が巨大な自然現象であり、起こらなければ研究テーマにも困るという分野だから、藤井会長の言葉は、よくわかる。

火山活動が活発で、火山活動を二四時間体制で監視している火山（常時観測火山）は現在、会長が言う四七ヶ所に観測機器があり、札幌、仙台、東京、福岡の四ヶ所の火山監視・警報センターが総括的役割をしている。しかし、突如として起こる火山噴火があるからといって、それに対して慎重に対処せよとの警戒が当局からあっても、人間は皆が皆それに沿って行動しない。その例が富士山である。ときどき報道で、「今の富士山はいつ噴火してもおかしくありません。常に可能性があります」と専門家が言うが、夏の富士山には、行列となって頂上に向かう登山客で一杯の映像が出る。「そんな漠然とした話などを気にしたってしょうがない。本当に危険だったら、登山禁止になるだろうが、そうではない。まあ、大丈夫だ」と、まさか自分が御嶽山のような被災者になるとは思っていないのだろう。そしてそれは今のところ正しいのである。

ネットによると、御嶽山に一年間に一〇回以上登っている人が、なにか臭いがいつもよりきついと感じたとか、あるところから立ち上っている蒸気の勢いが普段より多いとか、それなりの予兆があることはあったらしい。しかしそれらが大爆発に結びつくとは誰も考えなかった。一般登山客は何も考えず快晴の登山を満喫していたのだろう。

観測機器の種類にもいろいろあって、地震計、傾斜計、空振計（火山が爆発的な噴火を起こすとき、火口における急激な気圧変化によって、空気の振動が発生し衝撃波となって空気中を伝播する。これを観測する）、地殻の微妙な変化を察知する地殻変動観測装置ＧＮＳＳ（Global Navigation Satellite System）、また遠望カメラなどがあるようである。これらにより、噴火の前兆を捉えて噴火警報等を適確に発表する為ということなので、専門家の努力は並々でないのだが、それでもこれらが、決定的に被害をくいとめる有効な手段となったという事例はまだ知らない。

日本では、地震では、既述の如く、千ヶ所ぐらいの観測地点があり、火山でも多くの場所に観測機器が置かれているのだが、まだまだ目覚ましい実績は無い。これは、気象の観測とは著しい違いである（気象については、前著『心を燃やす時と眺める時』内で「異常な気象なのか」で記述した）。

私が素人なりに考えてみると、火山の噴火については、その前兆として、地形の僅かばかりの変動をＧＰＳ（Global Positioning System）で人工衛星から捉えることにより、予知がより進む可能性はあるのではないかと思う。ここ数年でこの地域が東西に一〇センチメートル伸びているとかいう情報はよく聞くことがある。大噴火に到る前には、いくつかの兆候が発見されることも多いのではないか。

一方、地震の方は、地下深くの原因であるだけに、予知は難しい。特に急激な断層、地殻のずれなどで起こるのはどうしようもない。日本はどこも活断層だらけである。阪神・淡路大震災がそうであり、東北の東日本大震災などは海底深くで起こったプレートの動きが原因であるから全く予知のしようがなかったと思う。

『文藝春秋』（二〇一五年七月号）において、京都大学教授の鎌田浩毅氏は「日本は『大地変動の時代』に突入した」という題で、解説文を書いている。これは、二〇一四年の御嶽山の噴火があり、そして二〇一五年の箱根の大涌谷での立ち入り禁止が発表された五月直後に書かれたものである。大涌谷は水蒸気噴火と言われるもので、地下水がマグマで熱せられているというのだから、御嶽山と同じ現象である。この時、鹿児島県の口永良部島でも噴火があった。幸い大涌谷は大噴火に至らず、二〇一六年には沈静化が進んだ。

著者は、日本の九世紀が（貞観地震は八六九年）は地震と噴火が特に多い時代だったと言う。私がネットで調べて見ると、この地震の五年前には富士山の青木ヶ原樹海における溶岩流を噴出した貞観大噴火が起きている。また、二年後には鳥海山の噴火記録がある。この地震の九年後には、M七・四の相模・武蔵地震が発生しており、九一五年には十和田火山の大噴火による火山灰が東北地方の全域に及び、宮城県北部においても火山灰に埋もれ、そのまま廃絶された水田跡が検出されているという。一方、西日本では前年の八六八年に播磨地震（山崎断層を震源とする地震）、その一年前に南海トラフ巨大地震と推定される仁和地震（M八・〇~八・五）が起こっている。これらの関連性は不明であるが、この時代日本付近の地殻が大きく変動していた可能性が高いとされるという記述があった。この時のマグニチュードまで推定できているというのは、私にとって驚きであったが、ともかくいろいろあったようだ。

著者はそれ以来千年ぶりで、二〇一一年の三・一一の東日本大震災以後、日本全体が「大地変動の時代」に突入したことを、地球科学者全員が認識していたと書いている。御嶽山や箱根の噴火はまさにその幕開けなのだというのである。著者は学者で、巨大地震と噴火の直接的な因果関係はよくわかっていないのだが、と慎重に断りを入れているのだが、過去に、江戸時代、南海トラフで巨大地震が発生した後、一七〇七年、M九くらいの宝永地震が発生し、その四九日後に有名な富士山の宝永噴火が起こり江戸の街に大量の火山灰を降らせたとのことである。著者は、今回、大涌谷の活動が富士山の噴火を誘発するのだろうかという質問を何回か受けた。結論から言うと、箱根と富士山のマグマは繋がっていないので、箱根山が富士山の噴火を誘発することはないそうである。近いからといって事態は単純ではない。ところが、一方、富士山は箱根とは関係なくても、それ自体独立で噴火スタンバイであると指摘している。富士山は地震計や傾斜計など日本でももっとも観測機器が充実していて、二〇〇九年には富士山が北東―南西方向に一年あたり二センチメートルほど伸長したことが観測された。

また、次に危険な火山は桜島であるという。今から約百年ほど前、一九一四年一月に大噴火がおこり、高温の火砕流が発生し、M七・一の大地震が起こり鹿児島市を直撃、死者五八人、一二一棟の家屋全壊、噴火による埋没・全焼家屋は二一四〇戸にも及んだとも述べられている。

そうは言っても人間は、喉元過ぎればすぐに熱さを忘れるという存在であるから、人々の活動は相変わらずで、富士山は世界遺産になったこともあって、今後とも多くの登山客が訪れるであろう。

著者は、最後に、火山は、風光明美な地形、温泉と湧き水、野菜や果実、酪農などの恵みを与えてくれる存在でもある。日本人は自然が変化することが「常態」になっていて、十万年以上も揉まれつつ適応した結果、我々はある種の「しなやかさ」を身につけてきたと言えよう、今後も日本列島で噴火する火山が続出することは間違いないが、ここで「変化をプラスに捉える」考え方こそ、暮らしの知恵の一つでないか、と印象的な言葉で締めくくっている。

巨人、ライナス・ポーリングの後半生

世の中で有名になった人というのも、実はいろいろ年取ってからの生き方は考えさせるものだという思いを最近強くしている。これは、本著の小島直記氏の節でも書いたのだが、彼が特に人を見る場合、その晩年に焦点をあてたくなる、と述べて居るように、その人間の集大成がそこに現れるように思われるからである。

先頃、『ポーリングの生涯』（テッド・ゲーツェル、ベン・ゲーツェル著、石館康平訳、朝日新聞社、一九九九年）という本を読んだ。ライナス・ポーリングは私にとってなじみのある偉大な科学者である。彼の主たる研究は別として、彼の生涯のあり方全体はそれまで知らなかったので興味を持ってこの本を読んだのであった。ライナスは、一九〇一年生まれで、亡くなったのは一九九四年で満九三歳の長命であった。

彼の生い立ちをザッと記すと、二人の妹を持つ長男としてアメリカ西海岸に位置するオレゴン州で育ち、彼の父は薬の販売人としてオレゴン州の数ヶ所で転居を繰り返したが、彼が九歳の時に若くして胃潰瘍で亡くなった。彼の親戚でも学者という人はおらず、彼は高校に入ってから自前の収入源を求めてさまざまのアルバイトを行っている。映画館の撮影技師、食料品店、見習い機械工など。母は下宿屋をしていたが、彼が勉強をして上の学校に行くのに反対で、機械工として早くから働くことを望むような人であった。それだけに彼は独立独歩の気質を身につけて行ったようだ。

大学の学費をある程度貯めてオレゴン農業大学に入学したのだが、大学に入っても一ヶ月に一〇〇時間は働いたと書いてある。女子学生寮で炊事用薪割り、台所のモップ掛け、牛を四つに切り分ける仕事とか、道路舗装会社の検査員とか。その間にも、彼は科学の研究に非常な興味を覚えて、図書館で分子構造などを自分でこつこつと勉強をしていた。漸く一八歳のとき、大学からインストラクター助手としての給料をもらえる職が提供された。しかし、それに週四〇時間が費やされて、授業に出る時間はなかったという。そのうち、上級数学の助手となり、また後に化学を教える立場にもなった。彼が最初に化学を教えた相手は、家庭経済学専攻の二五人の女子学生であって、この中に将来伴侶となるエヴァ・ヘレン・ミラーが居た。卒業のときライナスは卒業生総代として演説し、教授会の何人かは彼が大学院にいくことを熱心に勧めた。大学院はロスアンゼルス郊外のパサデナにあるカリフォルニア工科大学（カルテック）に行き、そこで彼は初めて、その時間の全てを勉学と研究に費やすことができるようになった。ライナスは二三歳の時、エヴァ・ヘレンと結婚している。そして彼は二五歳の時、数理物理および物理化学で博士号を取得した。このスピードは非凡なる秀才と言うべきであろう。

その後、長らくカルテックで教育、研究を継続した。彼は一九五四年ノーベル化学賞と一九六二年ノーベル平和賞をいずれも単独で受賞した稀有な存在である。他に二度のノーベル賞をとったのは、私の直ぐ思いつく範囲では、マリー・キュリーとか、ジョン・バーディーンがいるが、いずれも単独受賞の二回ではなかった。（注一）

私は、本書の別の節でも書いたが、彼の教科書、"INTRODUCTION TO QUANTUM MECHANICS"

(McGRAW-HILL BOOK COMPANY, Inc. 1935）を、若い時に読み通したことがある。

彼は量子力学を化学に適応した先駆者で、原子の混成軌道の存在、ベンゼンなどのいわゆる亀の子構造の結合の説明など、無機化学、有機化学を通して、結晶構造などの構造決定に多くの貢献をした。また、複雑な生体分子の研究では、ヘモグロビン分子の磁気感受性の研究が最初だったようで、これは正常な人のヘモグロビンがマイナスに帯電しているのに対し、鎌状赤血球貧血症の患者のヘモグロビンがプラスに帯電しているとの発見に結びついたという。

特に、彼はX線解析によりアミノ酸とペプチド結合を研究し、タンパク質の二次結合で、アルファヘリックスとベータシートの周期構造があることを示した（自著『自然科学の鑑賞』（丸善プラネット、二〇〇五年）内、「化学・生物における対称性、非対称性」で記述した)。また、彼はワトソンとクリックによるＤＮＡの二重ラセン構造の発見の前の、ラセン構造の先駆的な研究をしたことでも有名である。そして酵素の反応に興味を持ち、生物学にも手を伸ばしていったという。

彼の化学における研究は実に幅広く、だからノーベル化学賞の理由は特定の業績でなく「化学結合の性質の研究およびその複雑な化学物質に対する応用」というきわめて包括的な理由であった。これらの事実はある程度、私も知っていたのだが、この本を読んで、彼には後半生、研究を含めて、さまざまの問題があったことを知った。

一つは彼の平和賞のもととなった社会運動のことであり、もう一つは彼が医学分野に研究を進めた時のいろいろな問題であった。

前者は既に数々の研究業績をあげてアメリカ化学会の会長に選出された一九四七年ごろから始まる。

四八年のアメリカ化学会全米会議の席上で、下院の非米活動委員会に対して「国家への忠誠心についての審査のもつ、人間性への侮辱と適切な配慮の欠如」という言葉で公然と批判したのに続き、五〇年代前半からの共産主義者に対するマッカーシズムの嵐の中で、彼は敢然と理想主義的な言動で多くの学者を擁護する弁舌を繰り返した。彼自身は政治的な活動はしなかったが、リベラルな民主党員としての立場を貫いたと書かれているが、彼自身このような運動をしていて、マスコミや学会からも共産主義者、少なくとも同調者ではないかと随分、疑惑の攻撃を受けたという。国家公安委員会での喚問や上院議員による弾劾、非難の為の会議に召喚された。有名雑誌などでの彼に関する非難中傷に対しては、彼は幾つかの訴訟を起こし、裁判でも論陣を張っている。

こういう間にも、国内外から考えられる限りの賞が彼に与えられたとのことである。イギリスなどヨーロッパでのひきもきらぬ受賞、国際会議への招待、それに伴う講演の旅は、彼にとって気分転換になったようである。しかし、そのうちアメリカ政府は政治的理由から彼にそういう講演に対する旅券をその時だけの時限付きでしか許可しないようになった。それは五四年のノーベル化学賞の受賞決定の前まで続いた。受賞でスウェーデンに行く時、ようやく時限付きパスポートではなくなった。この授賞式出席の帰途、ポーリング夫妻は、イスラエル、インドに続いて日本を訪れている。

またこの五〇年代後半から六〇年代には、折からの大気圏内の核実験に対する反対運動に多くのエネルギーを注いだ。アメリカ、ヨーロッパを回り、多くの場所で核降下物の危険性について抜群の能力で演説をし、彼が起草した核実験に対する抗議の請願文に対する署名を集めた。これは三週間も経たないうちに、多くの著名な科学者の賛同を含めて二〇〇〇人の署名が集まったという（このような運動に反対した科学者の筆頭は、「水爆の父」と言われるエドワード・テラーであった）。一九六三年一〇月一〇日、三つの核保有国の間で部分的核実験禁止条約が締結されたが、正にその日、ライナス・ポーリングにノーベル平和賞授与の発表が行われた。筆者によれば、選考委員会は受賞のタイミングを図っていたようだと述べている。それまでの彼の活動が平和賞に結びついたのであり、彼は世界中の人々から祝福の言葉につつまれたのである。

ところが、彼が長年勤めたカルテックでは、あまりに社会活動で目立った存在になり、周囲から非難の的になり、特に化学科の周囲とはとげとげしい関係になっていったという。カルテックは、彼が招待講演に呼ばれた名門大学コーネルやオベリン大学、リード大学に比べてずっと保守的な雰囲気の大学であったらしい。例えば、彼が世界での活動で三ヶ月も大学をあけるような事が起こり、理事会から突き上げられた学長から、圧力を受け、ついにはその結果、彼はその学生時代から教授に至るまで、四二年間過ごしたカルテックから辞職勧告を受け、一九六四年にカルテックから退いた。この平和賞を獲得した時、生物学科は祝賀パーティを開いてくれたが、化学科は何も触れず、掲示板に新聞の切り抜きを貼りだすこともなかった、彼はこのことに深く傷つけられたとのことである。

彼が社会的活動の余り、どの程度、大学での責務、教育や研究がおろそかになったのかは詳しくは解らない。辞職までいくには、随分いろいろのことがあったに違いなく、周囲の人たちが無理解であったとか、嫉妬心に駆られたというだけではあるまい。派手な外部での活動の余波は、日常活動をすべきすぐ膝もとの地元が一番被害を受けるのである。彼自身にも問題があったに違いないと考えるのが公平というものであろう。

一方、その辞職以前の数年間の研究では、彼は新しい方向、麻酔の分子的基礎とか、ニューロンにおける電気パルスの関係した精神医学の機構、体内成分調節、ビタミンの研究に打ち込み始めた。特に、彼は自らの重い腎臓病が直った経験により、ビタミンCの摂取が、多くの病気の治療に非常に益するところが多いということに確信を抱き、それに関する多くの研究を成した。これに対する多くの実験的反証論文、科学的批判が巻き起こったというのも、彼に対する非難が集中した原因となった。

実は、この頃からのポーリングの研究、社会的活動が、第八章「万能薬ビタミンC（一九六六〜一九九〇）」として、なんと六〇ページ強の長きに亘って記述されている。私が、本節を敢えて「ポーリングの後半生」という題にしたのは、彼が二度目のノーベル賞を獲得して以降の彼の人生、彼の社会への姿勢が、多くの問題を引き起こしたことを全く知らなかったことと、その具体的事実に多くの人生の教訓があるように思え、強い関心を持ったことにあったからである。

普通の人間では、これは六五歳も過ぎてのことであるから、老年あるいは晩年のというところであるが、人並みすぐれた知力と強靭な精神力、それに加えて最高の栄誉を背負っての自信に満ちた彼のその後の約二五年間の生きざまは確かに後半生と言っても過言ではない。著者は、あらゆる意味で死の灰に対するものと同じくらい論議を呼んだ、ビタミンCの問題、ライナス・ポーリングの最後の大いなる聖戦が始まった、と述べている。

彼は、カルテックを辞めて、長年住んでいたパサデナから、海岸沿いのサンタ・バーバラに自ら設計した住居に移り、そこから友人のいるシンクタンクである民主主義制度研究センターに通った。しかし、そこは理工系の人間は彼一人、実験施設もないところで、著者によれば、この選択は、とりあえずカルテックから一刻も早く去りたかったのが動機だったという。六七年にカリフォルニア大学サンディエゴ校に移って行き、再び実験室で働く状況になったが、大学では彼の体内成分調節医学への没頭に対する反発があり、保守的な大学の上層部とぶつかり、そこでは短時間の在籍におわった。この頃、自然食品や自然療法は、六〇年代に育った反文明的な潮流を形成していた。ポーリング自身はビタミンや栄養素の研究はしたことはなかったが、ビタミンはまず分子構造への興味に合致し、文献の渉猟からとりかかり、多くの知見を得た。そして実際に研究を行った科学者とは驚くほど違った結論をもつに至ったと書かれている。ビタミンCは一九二八年から三三年にかけて、ハンガリーのセント＝ジェルジ（一九三七年ノーベル医学・生理学賞受賞者）など生化学者によって発見されていて、壊血病を防ぐ意味でアスコルビン酸と名付けられていた。この時点で彼の研究の関心は、カルテック時代と異なり、実生活上のビタミンCの効用に集中していた。

六九年にスタンフォード大学に行き、この頃『ビタミンCと普通の風邪』という一般書を出版し、爆発的に売れた。国内のドラッグストアではビタミンCの在庫がなくなったという。続いて『がんとビタミンC』、『長寿と健康のために』を書き、どの本も大変売れ行きはよかったそうである。これらは何と言ってもノーベル賞受賞者という知名度がもたらしたものであろう。この時点では、彼の貢献は、既に発表されている成果の解釈と大衆化という面につきていた。文献の解釈で、彼はビタミンCの使用でプラスに出た結果のみを一貫して強調し、マイナスの結果はやり方に欠陥があるためであると説明し、この方法は医学および科学の常道から外れるものであった、と著者は書いている。

彼は本の中で、医薬品工業界がビタミンCの効力をもみ消そうとしているのは、彼等がたいした効き目のない高価な製剤を売りつけようとしているからだと非難した。ポーリングが最も激しく、長期にわたって攻撃した研究は、一九四〇年代から一〇年間にわたる研究で発表された、ミネソタ大学の三人の医学研究者（公衆衛生学部長でアレルギーと環境汚染の研究者、医科学部長、神経学の教授）によるものであった。彼等の研究は対照群（注二）との比較で、風邪の予防に関してプラスの効果をもたらすほどのビタミンCの効果はなかったというもので、ポーリングの言は、投与のプラス効果を十分に評価していない、というものであった。

これに対して、当然標準的臨床医学のプロセスをきちんと踏んでいる著者からは反論がなされ、医学界の専門誌や権威筋も、それに同意しポーリングの主張を否定したという。ところが、否定されあるいは無視されるほどに、ポーリングは自らの主張をエスカレートさせた。彼は彼独自の理論によって、風邪のみでなく、ウィルス性肺炎、肝炎、結核、がんなど多くのものにビタミンCの効果がある、という風にさらに拡張した主張を成すに至った。本にはその論理のかなり詳しい記述があるが、それはここでは省きたい。そして、このようなポーリングの主張、研究はスタンフォード大学でも好意をもっては迎えられなくなった。七三年、研究スペースを持たない名誉教授という名のみの扱いをされて、彼は大学での立場を失った。この時彼は七二歳であるから、普通だったら引退であっても良いのだが、彼の研究意欲はまだまだ盛んであった。

やがて、彼のカルテック時代の学生であり、タンパク質の研究者でカリフォルニア大学化学科の教授であったアーサー・ロビンソンの世話で彼と共に自らの研究所を作るということに同意したとある。ロビンソンは尊敬する世界的な学者である恩師と共に研究をする為に、大学のポストをなげうち、自らの相続した遺産を設立の為にあて、スタンフォード大学のあるパロアルト市に建設された研究所は、当初、体内成分調節医学研究所という名称で発足したが、その後ライナス・ポーリング研究所と変わっている。彼等は、精神分裂病に対するニコチン酸や大量のビタミンCの投与に関する臨床データの論文を検討したりしたが、その内スコットランドの医師ユーアン・キャメロンの末期がん患者に対する大量のビタミン投与で、有意に余命が延びたという発表に胸を躍らせ、その論文に共著者として加わるようになった。七三年ころからポーリングは実際に研究に参加はしなかったが、論文の内容を整えるのに貢献し、何よりも科学アカデミーの会員として審査なしに発表できるという特権をそれらの論文に与えたという。これは査読を経ないので、会誌では「広告」という扱いだが、それでも発表される場を得たということは大きい。キャメロンは『がんとビタミンC』の共著者である。

このように、ポーリングは自らのビタミン投与の効能を力説し宣伝するために、その適用対象として、どんどん対象が増えて行った。なにしろ、彼の書いた本に従い、何百万という人たちがビタミンの大量摂取に努めて居た背景があったのである。一方、臨床医学界では、これらに対する個々の実験データがあって、それらには、効力があるように見えるものもあり、また全くないものがあるというふうにさまざまであった。次第に、医学界は彼に冷淡になっていった。特に精神分裂病に対しては、哀れな老人のあやまちに控えめながらその行動をいさめたとの表現もある。

八四年、カリフォルニア医療水準維持委員会は、自然療法を不適切に用いたことで摘発された医師に対する、ポーリングの証言を求めた。その席でも、彼はビタミンCの効用を力説し、委員会は彼の議論を受け入れなかったという。ついで政府は権威あるがん研究機関であるメイヨー・クリニックのチャールズ・モーテル博士の指揮のもと、このビタミンCの大量投与に関し、動物実験と人間の臨床研究に研究資金を提供した。そしてこの研究が八六年の『ニューイングランド・ジャーナル・オヴ・メディシン』に発表され、実験群と対照群に意味のある違いを見出せなかったとき、ポーリングとキャメロンは大いに狼狽したと書かれている。彼等はこの実験過程に意義を唱え、化学療法（たぶん抗がん剤であろう）を受けて居た患者が含まれ、イギリスでのキャメロンのデータの再現にはなっていない、化学療法が患者を衰弱させてビタミンCの効果を減少させた可能性がある、特定の指示に従って実施するようにと、強く主張し、国立研究所はおれて、二度目のメイヨー・クリニックの研究を助成した。今度は化学療法を受けていなかった患者を取り扱った。そして、再び、違いがないことが明らかになった時、ポーリングは激怒したという。今度は実験終了後二ヶ月半しか経たないうちにビタミンCの投与を止めてしまったことに対してであった。投与を中止するまでは患者の状態はよかったのだと考えた。キャメロンは「ポーリングがこれほど度を失っているのをみたことがない。—彼はこの一連の事件を、彼の人格そのものへの攻撃であると受け取ったのだ」と言っている。彼は弁護士と訴訟を起こそうと相談し、『ニューイングランド・ジャーナル・オヴ・メディシン』には「このまやかしの論文が掲載されるようになったいきさつを公表せよ」と手紙を送ったりしている。前者は弁護士に反対され、後者は無視された。このように、この時期のポーリングは、衝動的で後先を考えない発言や手紙のやりとりが繰り返されて、キャメロンもその反応は過剰であったと思ったという。

考えるに、医学の分野の世界では、ポーリングのながらくの舞台であった化学の実験より、はるかに研究に時間がかかる。動物実験から特に人間の臨床実験は、結果が出るまでに多数の対象患者の長期的観察が不可欠である。このような世界に対するポーリングのアプローチは、他人の研究結果を、彼独自のアイデアすなわち体内成分調節医学の見地による理論的検討を経て、かつ鋭い洞察を加えた研究といっても、如何にも短兵急な態度に見えて来る。特に彼の主張するビタミンCの投与は、それほど決定的に悪さをするようなものではないが、一種の民間療法のようなもので、それを難病などにも適用して効果が大という所まで行くと、これは当時の医学界としては、批判せざるを得なかったというのは当然であったであろう。

研究所の運営は、当初ポーリングが社長、所長、理事長を兼ね、ロビンソンは副社長、副所長で財務を担当した。二年後、ロビンソンが社長と所長を兼ね、二人とも教授で、ポーリングは終身、ロビンソンは六五歳までとされた。数年後には研究棟もでき、新しい研究者を募集し、理事も六人となった。ポーリングは研究資金の五〇パーセント、残る五〇パーセントはロビンソンを含めた他の研究者で分けることにしていた。ポーリングは資金集めを他人に任せる傾向があり、ロビンソンは常に財政難を解決すべく、いつも多くの重荷を背負っていたが、六万人に及ぶ資金提供者の名簿もできて、研究所の評価は八〇編におよぶ論文発表で支えられていたと書かれている。それらは、ロビンソンが以前から続けているボランティアを使った体液中の化学物質についての詳しいデータ収集にもとづいた健康評価、ヌードマウスを人工太陽光に過度にさらしたときの、皮膚がんの発生とその症状の重さに関する研究などであった。

ある時、ロビンソンはヌードマウスを使った実験で、ポーリングのビタミンCについての考え方と食い違う発見を報告した。それはビタミンCを与えられたマウスは与えられなかったマウスよりもがんが進行していたことを見出したという事実であった。この時、ロビンソンはポーリングの考えと根本的に相いれないとは考えず理論を発展させるものと考えたというが、この報告を受けた時、ポーリングはロビンソンを危険視するに至り、ロビンソンがイギリスのキャメロンに「ポーリングはもうろくしている」と言ったのではないかと詰問したという。ロビンソンは激しく否定した。どうも科学的事実と何の関係も無いことで、ポーリングが日頃の疑惑の気持ちを伝えたようである。ここらあたりから、ポーリングとロビンソンは抜きがたい相互の不信感にとらわれ、ついには理事会が開かれ、なんとロビンソンは一〇年間にわたる活動を続けた研究所から解雇されたのである。

この間のいろいろな事情も詳しく記述されているが、どうも私が読んだ限りでは、ロビンソンには非難されるべきものは何もなく、八〇歳台半ばを過ぎた誇り高き、老いたポーリングの被害妄想が一番の原因ではなかったかとの思いを禁じえなかった。ポーリングはなぜロビンソンを解雇したかについてはついに明らかにしなかった。幾つかの雑誌では、結局、ポーリングはロビンソンの発見したマウスを使った実験の事実を闇に葬りたかったからだと書かれているという。

ロビンソンは研究所理事会を提訴し、長い間の裁判沙汰になったようだが、彼は自分の長年のデータテープを取り返すこともできなかった。彼は裁判で五〇万ドルの示談金の獲得で決着がついたあと、オレゴン州で新たな研究所を設立した。しかし、八八年、生化学の修士号を持ち、研究所ではコンピュータープログラムを独力で作り上げ、絶えず研究を支えた彼の妻が突発性急性出血性膵臓炎という珍しい病気で、あっけなく亡くなってしまった。ロビンソンは本当に気の毒な人であった。

最後の第九章「ひとり海辺で」は、九一歳で前立腺がんと診断されたポーリングの晩年が述べられている。ポーリングは最後までビタミンCが普通の風邪に効くと確信し、一日一〇グラムのビタミンCをとっていた。九一歳で彼は研究所の社長と理事長のポストを息子に譲った。九〇歳になっても彼は分子化学の研究を続け、論文を『アメリカ科学アカデミー』に発表している。彼は最終的には大腸がんで亡くなった。

ポーリングの死後、カリフォルニア大学のビタミンの研究者ダニエル・スタインバーグ博士は「過去一〇年間でポーリング研究所が何か意味のある研究を世に送ったとは考えられない」と述べた。こういう医学界の評価であっただけに、この研究所の予算の九〇パーセントは個人からの出資金でまかなわれていたという。

それでは、現在のビタミンに対する認識はどうなっているかというと、老化や生活習慣病、癌などの症状を引き起こす可能性を減らすために、ビタミンは非常に有効であるとされているようだ。これらの症状は活性酸素が正常の細胞機能を破壊するのが主たる原因とされていて、ビタミンCは血液中に含まれる活性酸素を除去する強い働きを持つ。また、ビタミンEは不飽和脂肪酸で作られている細胞膜の酸化を防ぐ働きを持っている。これらが身体の老化現象を防止するために非常によいとされているようである。その意味でポーリングの主張は極端ではあったが、その方向性はある程度評価されてしかるべきだとも言えるであろう。

アインシュタインと並んで彼は二〇世紀における最大の科学者とした評価もある。生涯に六〇〇編以上の論文を書いた。ケルヴィンが同じように、グラスゴー大学で五三年間勤務し、七〇〇編近い論文を書いたというのも凄いが、それは一九世紀であり、彼もアインシュタインも理論家であるが、ポーリングは理論、実験双方で業績をあげたので、物理学のように早くから理論と実験が専門的に分化したり、実験後の解析に往々にして数年かかるようなのと違い、未だ両者が未分化であり、解析にそれほど時間のかからない化学の世界とは言え、彼の場合、化学だけに留まらず、化学生物、基礎医学の分野にも手を伸ばしていったという点でも、確かに科学界の巨人という名にふさわしい。

また、一時期量子力学の解釈を巡って物理学者の間で、波動関数を巡る物質波か確率波かという問題とか、不確定性原理の解釈とかの哲学的論争があったが、彼はそういう思弁的議論には全く興味を示さず、あくまでも物質に対する量子力学の適応の面に集中したという。それは如何にも彼の化学者としての特質であった点が興味深い。

ただ、私が彼の後半生を考えると、あまりに傑出した前半生の業績で、彼はいつのまにか、非常に独善的になり、科学の研究者としても、自分の主張に反対する論議は受け付けず、ひとりよがりの道をいくようになったと思う。ノーベル平和賞を取ってからの、一般の人たちからの人気、啓蒙書としてのビタミン療法の爆発的売れ行きなどが大きかったと思うが、科学研究者としての謙虚な態度を失い、自らに反する主張をする医学界のごく普通の多くの研究者をも敵に回した。

著者は、体内成分調節医学の唱道を通じて、自然食品運動のヒーローとなったのだが、同時にこれは彼の科学を尊敬する人々に深刻な疑念を抱かせることになったと述べている。一九九〇年に世界で最も権威のある科学誌である『ネイチャー』ではポーリングの変身ぶりを「理想主義に貫かれた偉大な公人から孤独な変人とみなされる立場」への「歴史上のあらゆる悲劇に匹敵する凋落」であると書かれているとのことである。

特に、著者は、彼の友人や讃嘆者をもっとも悲しませた行動は、彼の体内成分調節医学の宣伝ではなく、彼のもっとも近い協力者であり弟子であったロビンソンに対する背信行為であったと断言している。別の科学者は「一人の人間としてのポーリングを残念に思う点は、輝かしい直感力に恵まれた科学者でありながら、偏執的に自己中心的であったことである。ロビンソン事件について彼の取った行動は全く弁解の余地がない」と。

彼は家庭的には幸せであった。学生時代に一時教えていた女学生と結婚し、彼女は家庭婦人として、四人の子どもを育て、ポーリングが外国に行く時はほとんどの場合ついていって彼の体調を整え、看護婦として働き、仕事一本に打ち込むポーリングに社会的アドバイスを与えたりして、ともすれば極端な思考に陥りがちな彼に適切な表現で精神的にも助け、ポーリングも彼女に心身ともに支えられたようだ。特に社会的運動では「平和と自由のための国際婦人同盟」に参加し活動もした。

ライナスはエヴァ・ヘレンと一緒でなければ、どこを旅してもさびしい思いをした、とか、あまりに研究や社会的活動に集中したため、彼等の子どもたちはどこか家庭的に希薄な環境の中で育ったという表現もある。彼女は、晩年ポーリングと共に、ビタミンCを日常摂取していたが、八一年、七七歳で胃がんで亡くなっている。もし、彼女がもっと長生きしてポーリングについていたら、晩年の異常とも言える彼の行動に抑制を与え、もっとまともな精神状態にしたのではないかという気がする。その意味で、身近な伴侶の存在は、彼の場合非常に大きかったと言える。

この本の成り立ちはかなりユニークである。一般に伝記あるいは評伝が書かれる場合、既に当人が故人の場合は、たぶんかなり書きやすい。歴史上の有名人の場合、資料に目を通し、自らの判断に基づいて自由に書くことができる。著者がどういう立場で書くか、それによって記述はさまざまである。

例えば、『ゲーテとの対話』(奥津彦重訳、河出書房、一九五六年)は、ゲーテの晩年に身近に生活を共にし彼の崇拝者であったヨハン・ペーター・エッカーマンがゲーテが一八三二年に亡くなった後数年にして書いたもので、ことごとくゲーテに対する賛仰の気持ちで全編が貫かれている。エーヴ・キュリーの『キュリー夫人伝』もそうである。また阿川弘之の海軍提督三部作である『山本五十六』、『米内光政』、『井上成美』(新潮文庫、それぞれ一九七三年、一九八二年、一九九二年)あるいは城山三郎が広田弘毅について書いた『落日燃ゆ』(新潮社、一九七四年)、浜口雄幸についての『男子の本懐』(新潮文庫、一九八三年)にしても、主人公に対する作者の限りない愛着が漲っている。その他、相当の数のこの種の本のほとんどが多かれ少なかれ、当人の欠点にも失敗にも触れてはいるものの、主題は当人の

若い頃のライナスとエヴァ・ヘレン

１９６０年、６０歳近くになったライナスとエヴァ・ヘレン

素晴らしさを書いたものばかりであり、改めて調べてみてその事実にちょっと吃驚させられた。

主人公の悪辣さを書いた物はほとんどない。シュテファン・ツワイクの『ジョゼフ・フーシェ』（高橋禎二・秋山英夫訳、岩波文庫、一九七九年）などが数少ない例と言えようか。これでも、フランス革命からナポレオン時代にいたるまで、高官として生き延びたそのしたたかな生き方にある種の魅力を感じたからこそ書かれたと言うことができる。これらの作品の著者の動機を考えて見ると、やはり自分で愛着を覚えることに情熱を感じるからこそ長編を書く情熱もわき上がって来るので、嫌な人間をわざわざ書くというのは、なかなかその気にもならない、ということだろう。部分の記述では客観的にいろいろ書かれていても、その人間の全生涯をある程度包括的に記述するとなると、それを否定的に書くということはその人間の全否定になりかねない。作者としてはそれは避けたいし、またそんなに全てにおいて否定的な人間はあり得ないのである。

しかし、当人が生存している時に、書かれるものというのは、非常に数が少ないと思う。私が過去に長年記録した読書録で（題目だけを書いた物で、今のところ二〇〇〇冊に満たない）、私の経験した範囲に過ぎないのだが、調べて見ると、『緒方貞子という生き方』（黒田龍彦著、ＫＫベストセラーズ、二〇〇二年）、『あんぽん　孫正義伝』（佐野眞一著、小学館、二〇一二年）（自著『いつまでも青春』内、「朝鮮半島のこと」で書いた）そして、本人に「あなたの事を書きますよ」と宣言して書いたという、『石坂泰三　この気骨ある財界人』（阪口昭著、日本経済新聞社、一九七〇年）（自著『坂道を登るが如く』内、「文系人間　石坂泰三氏」で書いた）くらいである。

当然のことながら、当人が作品を目にする可能性があるわけだから、遠慮があるし著者には当然いろいろな考慮が働く。本人の素晴らしさを書こうと思うのだが、褒めるばかりの一辺倒では、単に追従のように思われても嫌だし、だからといってあまりに淡々と書くのでは本人に失礼であろう、とか、読み物として面白く書きたいのだが本人の恥になることは避けようとか、反論されることもあり、場合によって感情的になって差し止めというようなことだってあり得るとか、ともかく面倒くさいことをいろいろ考えざるを得ないだろう。

一方、本人との交流は全くなく、徹底的に批判的に書かれたもの、これは非常に多い。実際に活躍中の政治家に対するものは、むしろほとんどのものがそうである。文藝春秋に連載され、一躍文名を挙げた立花隆の『田中角栄研究 その人脈と金脈』（講談社、一九七六年）を始め、あらゆるものが、その動機は、その人間の行動を批判し、現実を正そう、あるいは論点の斬新さで、名を挙げよう、という発想から書くわけだから、当然そうなるのである。一方、そういう彼を批判した『立花隆「嘘八百」の研究―ジャーナリズム界の田中角栄、その最終真実』（別冊「宝島」Ｒｅａｌ、二〇〇二年）という本もある（注三）。

それはさておいて、このポーリングに関する本はどのように書かれたか。テッド・ゲーツェルが記したあとがきによると、もともと彼の両親が教育的見地から若い人々へ歴史上に名を残した偉人のことを書く一環としてポーリングの協力を得て書き始めたものであった。両親は人間的側面を強調したかったのだが、ポーリングは科学を細大漏らさず取り上げることを望んだとある。そして、現在進行形であるから、中断を含めて長い間かかったのだが、両親はやがてポーリングのビタミンＣの研究やロビンソンとの軋轢を知るに及んで困惑し、ラトガース大学の心理学の教授である息子のテッドに助力を求めた。ポーリングが九一歳で前立腺がんとなるころ、両親も年老いてこの仕事は一人で完全に書き直したほうが、まとまりのあるものになるということで両親とも合意し、テッドはポーリングとの接触を再開し、彼は原稿をポーリングに見せ、若干の修正や感想も聞いたという。ポーリングが九三歳で亡くなった後、テッドは科学の記述で、数学者で認知科学者でもある息子のベンジャミンに助力を求めた。結果としてこの本は、テッドおよびベンの親子の共著となったのである。

著者は、この本はポーリングの協力と助力のもとで進められたが、いかなる意味でもポーリングのお墨付きの伝記とは言えない、さまざまの点で彼に批判的であると書いている。それにも拘わらず、ポーリングが多くの資料を彼に示し、二〇時間以上に及ぶテープ録音にも応じてくれたという。また多くの親類縁者、小中学校関係者、勿論、多くの大学の教授たちとも接触して、内容を充実させてきたプロセスも書かれている。

こういう、本人の気力も衰えた最晩年であるから十全とは言い難かったかもしれないが、主人公にも目を通してもらい、かつ本人に対する批判もかなり書ききった書物というのは珍しい。

注一、　マリー・キュリーは一回目は、物理学賞でベックレル、夫ピエールとの共同受賞、二回目は化学賞での単独受賞、バーディーンは共に物理学賞であるが、一回目は、ショックレー、ブラッテンとの半導体開発で、二回目は、クーパー、シュリーファーとの超伝導の研究での共同受賞である。

注二、　医学、特に薬剤の臨床研究では、その薬剤を投与した患者群である「実験群」と、投与してない患者群（あるいは、薬剤を投与していると称して、別の無害のものを投与する）に対する効果を比較することによって、その薬剤の効果判定をするのが通常行われている。このとき後者の患者群を「対照群」という。本人にはどちらの群に属しているかは何も告げない。本人に告げない理由は、薬剤を投与されるということだけで、精神的作用から効果があらわれることがあるからで、これをプラシーボ効果という。

この両者に対する効果を統計学的に比較することによって、薬剤の効果判定を行う。これは「二重盲検法」とも呼ばれる。

注三、　私も読んでみた。有名になり東大の客員教授にもなった立花隆が調子に乗りすぎて、自分の専門でもない事にも、いい加減な言辞を吐いているという指摘を複数の著者が書いた本で、それはいくつか当たっているとも感じた。また、この本は『立花隆先生、かなりヘンですよ―「教養のない東大生」からの挑戦状』（谷田和一郎著、洋泉社、二〇〇一年）という元東大の学生の書いた本がきっかけになったと言われるが、その他にも彼を批判した記事はたくさんあるようだ。

ただ、例えば、私は読んでいないが、別に『立花隆の無知蒙昧を衝く』という著書もあるという京都大学名誉教授佐藤進氏（精密工学）の「ブルーバックスをちゃんと読みなさい」という言は確かにそうなのだが、もともと理科志望であった立花氏が色盲だから理系は無理と、誤った指導を高校の教師に言われ、哲学科に進んだことを知っている私としては、ちょっと彼が可哀そうにも感じた。

勿論、その理解のためには、何十、何百という数式を追う専門家としての勉学の過程、努力が必要で、それは彼のような文系で人生を渡った人間にはおよそ不可能で、それをせずに言葉だけで解ったような気になった文章を書いたりする彼自身に多くの問題があるのは確かである。

彼の本は、私も数冊読んでいる。例えば、『文明の逆説』（講談社文庫、一九八四年）、『精神と物質』（文藝春秋、一九九〇年）、『サイエンス・ナウ』（朝日新聞社、一九九一年）、『天皇と東大』（文藝春秋、二〇〇五年）などである。中年までは、その強い好奇心と旺盛な執筆力でいい本も何冊も書き、科学の啓蒙書もなかなか良いと思っていた。それが、有名になってマスコミからも営業上の必要で「知の巨人」などと宣伝されていくうちに、『東大生はバカになったか』（文藝春秋、二〇〇一年）みたいな本も書き、中年までの謙虚さを失い、理科系の学問だけでなく、一般の社会的問題でも、自分があたかも万学の達人みたいな態度になっていった点が多くの人達の反感や非難に結びついたようである。

最近の『中央公論』の劈頭の短編コラムはいつも最初に彼の文が載っていて、私もときどき見たりしているが、いい加減な判断が目立ち、勝手放題、彼ももうダメになったな、と確かに思う。まあ、フットワークはもともと良いのだが、人間が軽いのだろう。

第二章　社会論

立憲君主国としての日本

子供の頃から我が家には、『天皇』（株式会社トッパン、一九四七年）という写真集の本があった。戦後数年たって親が買った物らしい。今もなつかしいのでとってあるが、これが私にとっては最初の日本の皇室の姿であり、天皇とか皇室とかいう話を聞く度に心に浮かんでくるイメージであった。今これを久しぶりに見ると、トッパン印刷の処女出版の本であると書いてある。七三ページに亘る昭和天皇及びその一家の写真集であり、その前に、高松宮親王、東久邇宮内親王、国務大臣金森徳次郎、マイルズ・ヴォーン（ＵＰ東洋総支配人）、武者小路実篤の諸氏の天皇に対する短文が載っている。また、後ろには賀川豊彦、宮内省の三人の人、および毎日新聞の記者の文が載っている。

この本には昭和天皇が、海洋生物学者として、海岸でいろいろな生物を採取した標本、皇居内で天皇、皇后が何人かの皇女、まだ幼い皇太子、義宮（後の常陸宮）などと草原の生い茂った中を散歩している姿、食卓に家族で座っている写真、皇太子時代の学習院での写真、天皇が終戦後の各地を視察、慰問に訪れている写真などが載っている。

父から「天皇はマッカーサーに対して自分はどうなってもよい。日本の国民を救ってほしい」と述べたとの話を聞いたし、後に、マッカーサーが天皇のこの態度にうたれて、この人を攻めてはいけないと感じたという話も読んだ。その時の天皇の直立不動とマッカーサーのややリラックスした姿勢の有名な写真は何回もあちらこちらで引用されているのを見た（注一）。

あの時代は、国民の祝日には一般家庭でも日の丸の国旗を門前に掲揚するのが習わしであったが、今はそういう習慣はすっかりなくなった。中学の時、憲法の説明、第九条の話を社会科の先生がして、生徒に天皇など皇族の存在をどのように思うかと質問をした時、利発で優等生であった友が、「僕は、自由のないああいう人たちは気の毒だと思います」と答えたのを非常に印象的に覚えている。

自分はどうだったかというと、天皇一家に対する興味は持ちようがなかった。自分自身がどう生きるかが問題であり、ふだん関係のない雲の上の人たちなど、考えてもいなかった。今の国民の空気から、いずれ天皇はなくなるかもしれない、なくならないかもしれない。どちらでもよい。むきになって考える対象ではないと思っていた。

しかし、歳の長ずるに従って、日本の天皇制に対する考えを一度はまとめたくなった。

ただ、この天皇制に対しては、まことに多くの人々が、さまざまの議論をしていて、特に文学系統で政治好きの人々、評論家といった職業の人たちが、日本人の精神といったものに深く関心を持つからであろう、社会科学的考察はあまりせずに自らの感性の赴くままに無数といってよい文章を書いているようだ。そしてそれらの文章は一様に押しつけがましい。そんな感情的な文章をときどき読むたびに、こんな次元での論議は、したくないという気持ちにもとらわれたりもした。

まずは、このほど同じように君主制の続いているイギリスの歴史はどうなっているのか、興味を持って、『図説 イギリスの王室』（河出書房新社、石井美樹子、二〇〇七年）という数多くの絵入りの小冊子を読んでみた。

この本に、次のような記述がある。

「二〇世紀初頭のヨーロッパでは、フランスとスイスとイタリア山中のサンマリノを除いて、すべての国が君主制をとっていた。それが第一次世界大戦をはさんで、イギリスでのジョージ五世（一八六五年～一九三六年）の治世中、オーストリア、ドイツ、セルビア、ボヘミア、スロヴェニア、ハンガリー、ポーランド、ロシアなどで君主制が廃止され、多くの小国の君主たちが歴史から消えていった。……第二次世界大戦が終わった後には、北欧を除いて、王室が生き残っていたのは、イギリス、オランダ、ベルギーの三王室だけだった。オランダの王室は一八一五年、ベルギーは一八三一年、スペイン王室が復活したのは一九七五年で、比較するに、イギリス王制は一一世紀に始まって今に至るので、圧倒的に長い」。

別に私が調べて見ると、北欧の三王国、ノルウェー、スウェーデン、デンマークの中では、デンマークが一番古く、始まりは六世紀と言われ、日本に次いで古い。一般にヨーロッパの王室は、外国から新たな王を迎えることがたびたび起こり、その点で、日本とは全く様相が異なっている（注二）。

イギリスの王室の経過を見ると、最初は一一世紀ノルマンディー公ウィリアム一世から始まる。フランスではギヨームと呼ばれ、ノルマン人が住んでいたノルマンディー地方から出て、イギリスに上陸してイギリスの王になったのだから、フランス人であるが、その昔のヴァイキングを祖先とするのかもしれず、先祖はスカンジナビア人なのかもしれない。イギリスの王家はこのノルマン王家から始まり、プランタジネット王家、ランカスター王家、ヨーク王家、チューダー王家、スチュアート王家、ハノーヴァー王家、サクス・コバーグ・ゴータ王家、今のウィンザー王家と変わって行った。

この間日本とはまったく異なる血なまぐさい歴史、各国から入り乱れて王族入りした、国際的に横断的な王族の成り立ち、暴君の連続、退廃の連続は、これが王家かとも思わせる。典型的な例をあげると、一六世紀前半に在位し六人の王妃を持ったチューダー朝のヘンリー八世は、即位した時は、魅力的で国民から期待されたが、第一王妃が死産と早産を繰り返したので離別し（この時反対したトーマス・モーアは処刑された）、侍女を第二王妃としたが、女子（後のエリザベス一世）を生んだが、あくまでも男子の世継ぎを求める彼は失望し、無実であるにもかかわらず不貞の罪で処刑した。三番目のこれも侍女だった王妃は産褥死した。四番目の王妃は器量が悪いからと離婚し、それをお膳立てした大法官も処刑した。五番目の妻は醜い老人と化した王を厭い昔の恋人とよりを戻し姦通罪で処刑された。六番目の王妃が、ほったらかしでおかれた王家の三人の子供を育てたという。

またこの時期、カトリックとプロテスタントの戦いも熾烈を極めた。カトリックを信奉するスコットランド女王メアリー・スチュアートとプロテスタント側のエリザベス一世の戦いでは、結局エリザベス一世が、陰謀の罪でメアリー・スチュアートを処刑している。

独身宣言を戴冠式で述べ、この時期スペインの無敵艦隊を破って大英帝国の基礎を築いたエリザベス一世でチューダー朝が終わったが、あとを襲ったのが、メアリー・スチュアートの息子スコットランド王のジェームス一世で、彼は唯一の王位継承権保持者であった（ヘンリー八世の姉の曾孫）。

また逆に、王が王妃に殺された例もある。一四世紀前半のプランタジネット家のエドワード二世は、フランスから一五歳の「麗しのイザベラ」と呼ばれた継母の姪を王妃に迎えたが、王は同性愛の気味があり、いろいろそれを巡る戦いがあったが、やがて王妃は夫を城に幽閉し、廃位を決議させ、息子の皇太子エドワード三世が後継者となる。王妃は夫を城内で、凄惨な拷問の末、惨殺させたという。その後イザベラは愛人と生活したが、エドワード三世は愛人を処刑し、母を幽閉した。

私は若い頃ローレンス・オリヴィエ監督・主演の映画「リチャード三世」を見た。これはランカスター家とヨーク家の争いで一五世紀中ごろから約三〇年つづいた薔薇戦争の時、ヨーク家のリチャード三世の暴虐ぶりを描いたシェークスピアの史劇作品「リチャード三世」の映画化であった。彼は背骨が曲がっていて怪異な容貌であったようだが、彼の野望の犠牲で、周縁の多くの人間を殺し、狡猾で残忍な男であったとされる。最後はチューダー朝の始祖ヘンリー七世との戦いで戦死した。

このようなことで、尋常でない事実が一杯イギリスの王家の歴史を彩っている。一番安定していたのはハノーヴァー王家に連なり一九世紀を長く治めたヴィクトリア女王（注三）の時代であろうか。

これに比較するに、日本の天皇家の歴史ははるかに穏やかである。

エチオピアの三〇〇〇年と言われる王家（ソロモン王、シバ女王から始まる）が、一九七四年のハイレ・セラシェ皇帝の廃位をもって終りを告げ、以来、日本は世界最古の君主国となっている。

日本は日本人の一族が、天皇家として、代々続いているという点で全く異なっている。ただし、日本の古代の歴史書である『古事記』、『日本書紀』は後に創作され、特にその神話時代の話は万世一系にするために作り話がたくさんあるとの事である。これは、以前私は自著『いつまでも青春』の中で、「朝鮮半島のこと」でいろいろ述べた。特に二六代、継体天皇より以前の諸天皇については、疑問が大きいようである。諸天皇の名前も八世紀に淡海三船によって命名されたもので存在も確かでない天皇もいるようだ。だから、同じ著者でも、天皇家は二〇〇〇年とも、一六〇〇年の歴史とも、書いていたりする。

そもそもは、国を統括する欲望で争った部族の戦いで勝ったものが天皇となったことは確かであろう。しかし、それ以後、天皇は主として精神的な統合者として存在したが、政治的権力者として存在したことはほとんどなかった。日本の天皇で権力者として政治の世界で支配力を持った例を思い出して見ると、藤原鎌足の助けを借りた天智天皇（中大兄皇子）による大化の改新、後白河法皇の平家、源氏を操ろうとしたさまざまの工作、後醍醐天皇の南北朝の時の活動くらいしかない。皇族同士の争いとしては、天智天皇の弟、大海人皇子（天武天皇）と天智天皇の子、大友皇子との間で起こった壬申の乱が名高いが、その前後にも、有間皇子、大津皇子の悲劇があった。また、平安時代、保元の乱に巻き込まれて、讃岐に流された崇徳院、鎌倉時代の承久の乱で隠岐に島流しされた後鳥羽院、佐渡に流された順徳院などがいた。彼らはむしろ歌人として名を残した。しかし、それ以外は権力に対してほとんど野心もなく、祭り上げられた存在であったことはまったく世界史の上で稀有な歴史であると言える。

一方、その下で、尊王とか勤王とかいって、天皇からの綸旨（りんじ）が錦の御旗として機能した日本独特の精神構造、政治構造が歴史を彩って来た。幕末の場合は、徳川側でも、天皇を守護するのは我々であると、尊王の気持ちが強かったという。だから維新後、明治天皇の幼少時の教育係は、幕府に居た山岡鉄舟がその見識を見込まれて勤めたくらいである。言ってみれば、徳川の支配が長年続いてその治世に不満が高まった諸藩が、権力を幕府から奪取しようとし、その大義を天皇からの認証という形で、競い合ったということであろう。その流れが、明治時代になり大日本帝国憲法下で明治天皇が統帥権を持ち、大元帥、陸海軍の最高統治者として政治、軍事の中心に置かれたという、今迄の歴史になかった企てとまでなったと言える。

また、第二次世界大戦に日本が突入したのは、天皇の直下にいた軍部が統帥権のもとに、中国にいた関東軍を始め、主に陸軍が議会を無視し、独走したことが決定的な原因であった。天皇の存在は、統帥権ということで、さんざん軍部に利用されてきた。御前会議というものが何回も開かれたようだが、そこでは、最終的に陸軍大臣、海軍大臣の意見が主流となり、両者は対米開戦を巡って激しい攻防があったようだが、首相をはじめ文官大臣はなすところなかったようである。

彼らの方針が開戦反対でも、軍部が自分の主張を通すためには、大臣を引き上げ、そのたびに内閣は潰れるわけで、軍部が内閣をどうにでもできる体制であった。昭和天皇も平和主義者であったが、結局最終的には軍部の勢いを止めることができなかった。

また、第二次世界大戦での、天皇が敗戦の責任をとらなかったということで、日本における責任の空中分解が起こったとし、いまだに責任論がもやもやした形で残ってしまっている。政治学者は、日本はドイツと違って、戦争責任を曖昧にしていると言い、たびたび韓国や中国から、慰安婦問題などで非難されていることが問題として続いている。戦争責任は村山談話でけりがついている、という話もあるが、閣僚がA級戦犯が合祀されている靖国神社に参拝するたびに、問題が蒸し返されるようだ。

しかし、昭和天皇も崩御して、私達のような世代の違う人間はそんなことをあまり気にしてもどうしようもない。世代間で引き継がなければと言っても、その時代を本当には知らない人間にとって、国際政治上はともかくも、国民として精神的に引き継ぎができることとできないことがあると思う。

例えば、天皇に対する感覚というものは、世代間で全く異なる。妻の母は、一九二三年（大正一二年）の関東大震災の時は、二四歳であったが、当時まずどんなことがあっても学校に飾ってある御真影（天皇・皇后の写真）が一番大切だという教育をされていて、あの大震災の時もその御真影を持って逃げだした人もいたという話を妻は母から聞いたという。昭和に入っても戦前には、東京大学法学部の筧克彦教授（行政法）が講義の前には柏手を打ち「いやさか」と一声叫んでから講義を始めたとか、途中で祝詞をあげたり、二拍二礼したり、最後には「天皇陛下、弥栄（いやさか）、弥栄、弥栄」と大声で歌うように叫んで講義を終えた、という話が、『天皇と東大』（立花隆著、文藝春秋、二〇〇五年）に書かれてあった。同じ東京大学教授の美濃部達吉氏の天皇機関説は、憲法講座の教授で陸軍および海軍大学校の教授でもあった上杉慎吉氏などの天皇主権説と対立し、右翼思想家や軍部から激しく批判されて、美濃部氏は貴族院議員を辞職し、彼の本は発禁となった。

戦後になっても、明治憲法にあるように「天皇は神聖にして侵すべからず」とか、戦前に天皇が「現人神（あらひとがみ）」と思われた時代に育った人たちは、素朴に「天皇陛下万歳！」と皇居の新年の一般参賀に行って叫ぶ気持ちがあるようだ。また、戦前に既に東京大学文学部の教授になっている辰野隆氏（一八八八年～一九六四年）の随筆を読むと「僕は明治に生まれ、陛下の臣民として死ぬことを本望と思っているのですから、天皇は日本の最高の、唯一唯二の御しるしと確信しているのです」と、彼としては極めて自然な表現が出てくる。吉田茂首相も「臣吉田茂」と自らを語った。

一方、我々民主主義教育の中で育った戦後育ちの多くの人間にとっては、そういう行動や言葉にはまったく違和感があってその感覚とは程遠い。現在我々の中にそんな感覚を持つ人間などほとんどいないだろう。勿論、少数の右翼の人たちがいるが、一般的ではない。

天皇家をひたすら称揚する本を読んだこともあるが、それには日本の皇族は「万世一系」の、世界で唯一の尊い家系であることが強調されていた。しかし、私は、最終的な人間の価値は、個人にあるのであって、先祖が誰であるかとか、家系がどうだとかいうのは少なくとも二の次であって、それを至上のものとして考える感覚は持っていない。

我々の場合は、皇族を自分に縁のない人たちと思って来たのだが、このような皇族が一挙に国民に親しみを持たれたのは、全く異なる事象、次元で誘起されたものだった。それは、言うまでもなく一九五九年の、皇太子と美智子妃の結婚である。民間からの初の皇太子妃ということで、新聞などでは大変な取り扱いであった。これが国民の皇族に対する全ての求心力となり、戦後の日本の皇室のあり方を決定的にした出来事であったと思う。

彼女は日清製粉社長の娘であったから、ある親しい小父さんが「正にシューベルトの『美しき水車小屋の娘』ですよねえ！」と嬉しそうに語っていたのをよく覚えている。もっとも私は翌年に大学受験を控えていて、その時はそれほど記事を熱心には読まなかったし、祝賀パレードの様子などは、テレビで放映されたようであるが、それを見たのは随分あとで、なにかの特集でたびたび放映された一つをそれもたまたま見た程度であったし、皇室について深く考えることも長らくなかった。

しかし、その直後には、軽井沢のテニスコートの恋ということで、各地にテニスコート設営のブーム、愛好する人たちのブームが起きた。またそれ以降、女性週刊誌には美智子妃の、また皇太子が平成天皇になってからは、皇后としての美智子さんの人生を語る週刊誌の特集や書籍が、私は新聞の広告でしか見ていない程度であるが、無数に書かれているようである。彼女が皇太子からプロポーズされ、あまりの驚きから一年あまり外国に行きその間悩みに悩んで迷ったという話も後に読んだ。美智子さんにはさまざまの試練の連続が訪れたようであるし、当初はさる旧皇族だか華族だかの老夫人が「今度の皇太子妃が民間人であることは許せない」というような文章が雑誌に出たのをたまたま目にしたこともある。私はそういう単に家柄のみを問題とする意見には激しい反感をもった。皇族になっても、周囲のさまざまなる冷たい目があったようだし、皇后になり還暦近くになって、いろいろ批判的記事も出て、彼女は一時、強いストレスによるものであろう、失声症にもなったと報道された。しかし、彼女はそれを乗り越えたのであって、その限りにおいて実に立派な女性と言えると思う。

イギリスではエリザベス女王の周辺の人たち、妹マーガレットの悲恋や晩年のアル中、子供たちもいろいろ問題を起こしたりしている。チャールス皇太子のカミラ夫人との話、それによるダイアナ王妃の悲劇、長女アン、次男アンドリューも離婚している。これらに対し、一時期エリザベス女王の教育に対する批判もおきたようである。しかし、日本の皇族では皆おとなしいのか、我慢強いのか、学者を父に持ったということからかもしれないが、そのようなことがないのは幸いとも言えるが、自由な空気がはるかに薄いように思われる。

数年前に、今の天皇の長男浩宮、次男秋篠宮の子供はいずれも女子であって男子が生まれていないので、将来、日本で女性の天皇を認めるかどうか、政界の依頼であろう、かなり真剣に歴史学者の間で議論されたことがあった。過去に女性天皇は、推古天皇を始めとして十代あり、名前を変えての再度の即位が二人いるので八人存在する（注四）。

女性天皇はいるが、男系は守られているとか、一見わかりにくい議論もあった。しかし、秋篠宮家で二人の女の子に次いでついに男の子が生まれ、この議論は一気にしぼんでしまった。こんなところは如何にも日本人の性格が表れていると思う。当座よければ良しとして、本質的な議論は必要が生じたその時に再度というわけでつきつめないのである。私自身はそれほど深く考えたわけではないが女性の天皇を認めてよいと思っていた（注五）。

私は六〇歳を過ぎて数年たった頃に、東大文学部を出てお茶の水女子大学で長らく教鞭をとられ、日本倫理学会長も務めた勝部真長（かつべみたけ）氏の『日本人の思想体験』（角川選書、一九七九年）を読んだ。この本は、凄く密度が濃く、考えさせるものを持っていると感じたので、私は再読した時の要約と感想を自著『志気―人生・社会に向かう思索の読書を辿る―』（丸善プラネット、二〇〇八年）でとりあげた。

序「日本文化の脆さと美しさ」、一章「日本思想における人間観」、二章「日本人の死の思想」、三章「明治における実務型知識人」、と続くが、四章「戦後三十余年の思想体験」の最後の二節で二六ページにわたっての文章があり、勝部氏の天皇制についての考えが述べられている。

最初の「文化価値としての天皇制」という節では、一九七五年（昭和五〇年）十月二日、天皇が初めてアメリカ合衆国を訪れ、ホワイトハウスにおける大統領の歓迎宴において堂々たるスピーチをされ、アメリカ、イギリスの新聞の社説にも大きく取りあげられたことが、書かれている。二千年の伝統と五〇年の在位、戦後の荒廃から立ち直り、民族としての矜りを回復し、世界歴史の舞台に生き残ろうというのであれば、我々は天皇の存在こそ日本民族の個性として、文化的価値であることを再確認する必要があるのではなかろうか、と勝部氏自身、大きな感慨をもって述べている。

次の節は「天皇制の効用」という題であるが、この「天皇制の効用」という社会学的発想は、いきなり聞くと、人によってはいささか違和感を感じるかもしれない。このような観点は、既に述べたが、戦前に問題となった美濃部達吉氏の天皇機関説と同じ流れとも言える。しかし、私は法学者と倫理学者という両者の違いを越えて、時代の流れの大きな変動を感じた。美濃部氏の時は、右翼、軍部からの圧力で彼は生死をかけるような立場にもなったと思われるが、この本は昭和五四年発行、昭和天皇在位既に半世紀を超えた時点で、淡々と天皇制を語る時代になっているのである。

勝部氏は、日本が外国の元首、あるいは国賓を迎えて、赤坂の迎賓館あるいは皇居の豊明殿で、歓迎のパーティを開く時の新聞で知った情景を思い浮かべている。この時は一九七九年の第五回主要国首脳会議（通称「サミット」）で、七五年にフランスのジスカールデスタン大統領の提唱で始まったこともあり、パリ郊外のランブイエから始まって、アメリカ、イギリス、西ドイツでの開催に続くものだった（出席者はあとカナダとイタリア代表およびＥＣ代表が含まれていた）。この時、豊明殿での宮中晩餐会で日本を代表して挨拶を述べるのは天皇である。これは国民から見ても全く問題はないが、これが首相であったらどうだろうかと氏は仮定する。そうすると、勝部氏は、日本の国の独自性、重みというものがまったく無くなってしまうだろうと言うのである。

氏の見るところ、日本では、総理でも大臣でも社長でも、みんなドングリの背比べで、いつでも代りのきく平凡人の社会である。わが国には貴族や上層階級はいない。これに比べフランスなどは、「自由、平等、博愛」とは言うものの、貴族や城主の存在をいまだに認めているし、ジスカールデスタン大統領は城主である。調べてみると、イギリスは勿論であるが、フランス、イタリアも爵位をもつ世襲貴族が存在する。彼らは政治・経済的な特権はなくなり、その立場は形骸化しつつも、文化的遺産、教育、習慣としてはいまだに色濃く残っているという。

しかし日本は違う。明治憲法では、貴族、華族が存在したが、昭和二二年の新憲法では廃止された。日本人の平等への要求はものすごく、決して差別を容認しない。誰もが対等でなければならない。もしちょっとでも上にいると思えば、足をひっぱるのである、日本人くらい嫉妬心のはげしいのは珍しく、自分は自分、他人は他人ということができない。常に他との比較の上で、自らの満足度をはかる、と氏は述べている。

このような日本では、将来共和国になって誰かが大統領になったとしても、すぐ足をひっぱられるか、暗殺されるか、とにかく一般庶民は、誰がなっても納得しないであろうことは目に見えている、という。主権在民というが、誰かが日本国の代表として出てもらわなければならない。それには、一六〇〇年の血統を伝えて、百二十四代もつづいた名家と言えば、わが国では天皇家が最高の名家で、これに匹敵する家はない。そこで御面倒ながら、天皇にこの大役をいつもお引き受けいただく、というのが天皇制の効用というものである、と結論を出している。

まあ、いろいろな考え方があるが、私が考えるに、このような皇族に対する感覚というのも、勝部氏が一九一六年（大正五年）生まれで、辰野氏よりは三〇年近く後の世代だが、戦前の国体尊重の教育を受けて、皇族に対する崇敬の気持ちが我々より遥かに強いことを示しているように見える。一方、政治学者の丸山眞男も一九一四年生まれであって同世代、国体というようなものを「超国家主義」として批判する目をもっていた。もっとも彼においても天皇を利用する体制の批判であって、天皇そのものの存在を否定したわけではない。だから、時代の所為だけでもなく、専門にもより個々の人によってもさまざまではある。(前記引用の『志気』内、「丸山眞男『現代政治の思想と行動(上・下)』」参照)

私は、勝部氏の考え方に対しても、異論はある。例えば、日本人は、異常に嫉妬心が強いというが、これは、国民がエネルギー旺盛で上昇志向が強く、狭い国土で競争が激しいことが一番の原因で、それが悪い方に働く場合に嫉妬心となるので、これは一種の島国根性だと思っている。確かに、日本では「出る釘はうたれる」と言われ、人に対して批判ばかりする人種が多い。評論家などというのはそれで生きていると言ってほぼ間違いない。時の政府は、権力者として、いつもジャーナリズムから文句を言われる。それが彼らの良い意味での存在理由でもあるから、それは当然でもあって単純に非難はできないと思う。

その点、アメリカのように広い国土であれば、失敗すればよそに行って再起を期すことも可能だし、自由度が大きいから、相手とは離れて自らの理想を追求することもできる。成功すれば彼はアメリカン・ドリームの実現者として社会から賞讃される風土でもある。

勝部氏は、天皇が居なくなる日本というのは、精神的中心がなくなって、日本民族は雲散霧消してしまうであろうと、やや緊張感を欠いた表現もしているが、私は全くそうは思わない。

その立場がなくなれば、共和国になるだけのことだと思う。そうなって、国家が存続しているのが世界の大部分の国である。だが、それは確かに彼が言うように日本としての独自性の一面がなくなることではあろう。

氏は宮中での外国人接待の情景を描き、それに対する彼の心情を述べているが、私がテレビなどで見ていて、いつも非常に気になることがある。それは皇族の服装、特に女性の服装である。ローブデコルテとか、頭のティアラとか、ああいうものはすべて西欧文化の模倣であって、日本が明治時代以降必死に追いつこうとしたものがいまも濃厚に残っているわけだが、二〇〇〇年近くの伝統を誇り世界最古の皇室なのであるから、もっと日本古来の服装で対応すべきだと思う。これは全て宮内庁の人たちの考えで今迄の形式を踏襲しているに過ぎないのであろうが、日本の衣服というのは、多種多様で、場合に応じて使い分けられている。正月元旦で四方拝に始まると言われる歳旦祭（さいたんさい）、一一月の五穀の収穫を祝う新嘗祭（にいなめさい）、天皇即位後の大嘗祭（だいじょうさい）などの行事では、完全に古来の服装だし、一般参賀では洋装である。日本における国際間の外国人相手の接待の際は、皇族は和服で対応すべきだと思う。今の服装は相手に合わせよう、合わせようとする、言わば鹿鳴館の頃からの劣等意識がそのまま残っているように見える。それの極め付けがいつも最高級の食事として出されているらしいフランス料理の接待である。シャンデリアの煌めく大広間で、フランス人が日本でフランス料理を出されて喜ぶであろうか。知的な興味が強い人ほど、外国に行ったらその国の固有の文化を味わいたいと思うのが普通である（注六）。日本の和食というのは、いまやユネスコの世界遺産にもなった世界に誇る料理なのだから日本料理を出すべきだと思う。

一方では、私は天皇制の問題点として、非常に気になることがある。それは、現在の今の天皇についてであるが、彼のまことに伸びやかな人間的行為は、結婚する前後の「恋を貫き通した」という事実以来、報道では絶えて無くなったように思われる。国民に対しては象徴として存在する、この役割を一生懸命勤めておられるのは、ここ数年の間も三・一一の被災者を慰問する様子をテレビで見たり、大戦の時の戦没者の遺骨を訪ねてアジアを訪問するなどのニュースを聞く度に、国民により添うというその気持ちのあり方は、よくわかる。しかし、たとえば人間どんな人でも失敗はあるし、それがほほえましい情景となることもあろうに、そういう話はマスコミでは一切出てこない。総理大臣などにはあれほど縦横に批判をしているのに、こと皇族の話となると、おだやかな賞讃一筋で、問題になりそうなことには、腫れ物に触るようになってしまう。

皇太子妃の雅子さんが、結婚後ながらく世継ぎの子供が生れず、七年後にやっと生れた最初の子が女子であったということが響いたのか、すっかり委縮して精神的な病気になってしまったというのは痛ましい。一時、浩宮皇太子が、皇太子妃の雅子さんに対するマスコミの対応に「非常に妻が傷つけられるような行為があった」と述べたことがあったが、それ以来皇太子夫妻にたいしても、楽しい話は報道されなくなった。上記の言い方にしても、非常に遠慮がちな表現である。また、将来の皇后になる彼女が今もって公務もままならない精神的不安定というのも、マスコミは遠慮の極みのようで良く解らないが気になることではある。民間から美智子妃、雅子妃と続いたが、こんな様子だと、今後、民間からの妃殿下というのは、なかなか難しいかもしれない。

ある意味で当然かもしれないが、皇族については、宮内庁や政府ががっちりと報道規制をしているように思う。またマスコミもそれに完全に追随している。そういうことで、皇族は、ますます世間からは遠い存在になり、何かいろいろな儀式の時の挨拶など表面的、形式的なことばかりが、報道される。これはイギリスなどとは大変な違いである。彼らは女王はともかくも、他の人たちは、個人を主張する度合いがはるかに強い。アン王女がオリンピックの馬術の代表選手になるかと思うと、一方では、その他の人を含めていろいろなスキャンダルとも言える行動も随分報道されている。これは、歴史の流れの違いであろうし、それに比べて日本の皇族は、神格化の度合いがはるかに強かった、そして今も強いと言えるだろう。

戦後の天皇は、人間としての天皇であるはずなのだが、そういう人間としてというよりも今やかってのように「侵すべからず」の存在になっているように思う。箱の中に閉じ込められた存在である。また、日本人の天皇および皇族に対する精神構造は、制度が変わっても少しも変わっていない部分がある。天皇に声をかけられただけで大変な感激をする、といったテレビの情景は、被災地の慰問の際とか、春秋の園遊会などで、よく見かけることでこのことを証明しているようだ。

その一方で、いろいろ世間では密かなあまり芳しくない噂が流れていたりする。そんなことを聞いてもそれがどうなのかは本当のところ、私達一般人には知りようもないし、私などは探究したいとも思わないのだが、そういう話には禁忌という雰囲気がある。

そうなると、やはり個人の自由のない皇族の人たちは気の毒だなあとの思いが強くなる。もともとそういう家庭で育った今の天皇はまだしも、結婚前には、聖心女子大で最優等生であった美智子さんは、民間からの初の皇太子妃、皇后となって、その間、ずっと周囲の監視的環境の中で、ひたすら落ち度のないようにという緊張の連続であったのではないかと思う。国民に対し周囲に対し完璧な女性で有り続けるというのは、大変なことではあるまいか。真面目一方の彼女は一生優等生であろうとしているのだろうが狭い枠にはめられ、若い時の溌剌さを全く失ってしまって、最近は硬直した、朗らかな表情のない顔で、疲れ切ったような姿を見ると、同世代で年取った女性でも明るく生活している人はたくさん居るのにと、私は非常な痛ましさを覚える。

政治的意見を表出すべきでない、社会に対する批判も封じ込めなければいけない、立場上規格化された人生というシステムの中の人たち、少数の人たちではあるがこんな制度はどうなのか、長い歴史の中にあるのだが、今後長く続けるべきなのか、という気持ちにもなるのである。もっとも、彼らは神主の生れのようなもので、それを国民の税金によって生活を保障され続けてもらっているようなものだ、今や一種の外交官として国際的に活躍してもらっている、という醒めた見方もあるだろう。そういう家柄は、私の周囲でも数人知っている。私の家は明治神宮の近くで、神宮で働く神職の人たちの官舎があって、小学校の時からの幼友達もいる。その一人、高沢信晴君は、大学までは神職にもなれる國學院大学に行ったが、就職はさる建築会社でながらく営業を担当していた。

頭のいい機転の効く、しかもユーモア満点の男であって、いつも周りを楽しくする人気者であるが、ある時「君はなぜ宮司になる道を選ばなかったのかい」と聞いたら、彼は「親父が同職の人たちと話しているのを聞いていると、どうもこの仕事は面白そうでない、例えば若い人が『まわりの目があって、愉快にドンチャン騒ぎもできない』というようなことを言っているんだ。俺は自由に遊びたかったし……」という風に笑いながら答えた。そして彼は「俺はこれで良かったんだ」と人生に満足しているように見える。想像するに、こういう聖職者は、一般に生真面目一方の人と思われているから、生活はかなり窮屈であろう。高知のよさこい節では「坊さん　かんざし買うを見た」というセリフがでてきて、笑いをさそわれる。

一般人である彼らは職業の選択の自由はあるし、親の職業を継がなくてもよいのだが、天皇家にはそういう自由がないのである。生活を送るのに、競争もなく贅沢な暮しができて華やかな場にいつもいていいじゃないかというような浅薄な考えもあるが、日本の国民の象徴という重い社会的責任を担われていることを思うと、まったく羨ましいどころか、重っ苦しい人生であろう。

二〇一六年八月、天皇が二度の手術を経て、高齢になっていろいろな勤務の負担に耐えられなくなっているので、生前退位を望まれる意向をビデオを通じて表明された。これに対し、何回かの有識者会議が開かれ、法学者達を中心としてそれをどう扱うかについて審議を重ねた。皇室典範にその条項をいれるか、それをいじることなく特別法で対処すべきか、などいろいろ議論された。法律を変えることは将来禍根を残すとか、憲法違反にならないか、などという議論である。結局、二〇一七年六月、特別法で対処することが国会で決定された。私などは一刻も早くその希望を満たすべく考えてあげればよい、と思って居たのだが、しかつめらしく考える人はいるもので、退位後の呼び名をなんとするかなどを含めて、なかなか議論に時間がかかった。

国家というものに対する人々の感覚は、時代によって変遷する。終戦後、随分長い間、「君が代」は軍国日本の象徴として、それにアレルギーを感じて学校などで強制することに反対する運動が日教組を中心として強かった。子供たちは「君が代」というと、「それは大相撲の歌でしょう」というくらいに疎遠な存在であった。しかし、各種の国際競技の開始の前に、両国の国歌を演奏または斉唱するのが当然の如くなり、オリンピックの表彰式での優勝者の国歌の演奏が行われている現在、「君が代」は日本の国歌として、誰も違和感を懐かないものとなっている。あのような個性的な荘重とも言うべき音調の国歌は、世界の中で日本だけで、非常に独特な国歌と言える。その一方で、先述のように、日の丸の旗を祝日に個人の家で掲げる習慣はほとんどすたれてしまった。我が家にもあるのだが、箪笥の奥にしまったままで使ったことがない。

私は、今までにほとんどの人が考えていない、あるいは議論されていないことに、天皇自身が自分の存在をどう考えているのか、という問題があると思う。そういうことは、現在のシステムでは表に出ない、出してはいけないことになってはいる。しかし、個人の自由意志とか人権は非常に重要で、これが人間の基本的権利として尊重されるべきとは、憲法第三章（注七）にも明記されているのだが、それが天皇には十全に認められていないのだ。

もし、時の天皇が、私は平民になりたいという希望を持つこともあるかもしれない。もっとも世界的にもそんな例は、長い歴史の中で、イギリスのウィンザー公（注八）ぐらいしか聞いた事がないのだが、彼のような恋愛ということでなく、そもそもこんな窮屈な人生は送りたくない、という人が現れるかもしれない。もしそういうことが起こりそうな時は、日本の場合どうなるだろう。子供の時からそういう考えを持つような教育はされない、自己主張はされないからそんなことは全く考える必要はない、二千年の伝統に背くような考えはまず起こり得ないというのが一般的感覚ではあるが、起こらないとも言えないだろうし、本来は人間としてはそれが自然な姿なのではないかとも思う。

もっとも万が一そういうことが起こるとしても相当先のことで、今の国民の姿からは、一時期の混乱が招来しても、次の位の承継者が即位するだけかもしれない。そのような変化を元来穏健な風土で育った国民の総体が望むかどうか、その時の日本人が決めることであろう。

私の人生はそれまでに終っていて無関係だし、現在でも、皇族は、激しい政治、経済、社会の変化に対して、それほど枢要な位置を占めているとは感じられないので、毎日の生活上の意識の上ではことさら心にあるわけではないのだが。

注一、　勝部真長著『日本人の思想体験』（角川選書、一九七九年）では、この時の状況が次のように書かれている。

「終戦後の九月二七日、天皇は自ら進んでマッカーサー元帥を訪問され、歴史的な初会見をされた。……あのマッカーサーと並んで撮られた写真は九月二九日の新聞に掲載されたが、その各新聞は不敬罪で発売禁止を食った。それほど国民に与えた心理的印象は屈辱的に映ったのであった。しかし天皇とマッカーサーとの人格的交流は、もっと別な次元で行われていて、国民の想像を超えたものであったらしい。昭和三〇年九月二日、ニューヨークにマッカーサー元帥を訪ねた重光外相に、元帥はこう語っている。

どんな態度で陛下が私に会われるかと好奇心をもってお会いしました。ところが驚きました。『私は日本の戦争遂行に伴ういかなることにも、また事件にも全責任をとります』といわれた。私は興奮のあまり陛下にキスしようとしたくらいです。……私の尊敬の念はますます高まるばかりでした。陛下はいまだかって恩恵を私に要請したことはありませんでした」。

天皇制を残すアメリカの政策の決定には、実際には、マッカーサーの判断以上に、戦前一九三二年からほぼ一〇年間、駐日大使を務めていた当時のアメリカきっての知日派であったジョセフ・グルーが「天皇のいない日本を統治するのは至難の業である」という進言を強くアメリカ政府に行ったのが、大きかったと言われる。（松山幸雄『国際派一代　あるリベラリストの回顧、反省と苦言』（創英社・三省堂書店、二〇一三年）参照）。

注二、　調べて見ると、現在世界の君主国というのは、五二ヶ国であるが、ヨーロッパが一一ヶ国で一番多く、それ以外の地域でもカナダ、オーストラリア、ニュージーランドなどは、イギリス国王が君主であって、一応その中に数えられている。中東は一三もあるが、七ヶ国がアラブ首長国連邦となっていて、それ以外は、サウジアラビア、ヨルダン、カタールなど六ヶ国。アジアが日本、カンボジア、タイ、マレーシアなど六ヶ国、中南米が小国ばかり九ヶ国、アフリカも小国三ヶ国である。世界的に話題となるのは二〇ヶ国前後と言えようか。

注三、　この頃が世界でイギリスが最も輝いた時と言われる。二〇一五年九月、現在のエリザベス二世が、在位期間が六三年七ヶ月余となりそれまで最長のヴィクトリア女王を越えたとの報道があった。

注四、　六人までが飛鳥・奈良時代であり、二人は江戸時代である。（高木きよ子著『八人の女帝』（冨山房インターナショナル、二〇〇五年）参照）。

注五、その為には、皇室典範を変更する必要がある。憲法では、「第一章　天皇」の第二条で「皇位の継承」は国会の議決した皇室典範によるとされ、皇室典範では「第一章　皇位継承」で、皇位は皇統に属する男系の男子が継承する、となっている。

注六、ノーベル物理学賞受賞者、リチャード・ファインマンの『ご冗談でしょう　ファインマンさん』（大貫昌子訳、岩波書店、一九八六年）の中の「ディラック方程式を解いていただきたいのですが」の節に次のような話が書かれている。

彼は何事にも好奇心旺盛で、彼が初めて日本に来たとき、日本語のカタ言も事前に勉強して大いに日本滞在を楽しもうと期待していた。初日にフランク・ロイド・ライト設計の帝国ホテルをあてがわれ、そこに泊まって、これは完全にヨーロッパの模倣であって、こんなところに長くいるのは面白くないと思い、翌日すぐ予定を変更して、日本の旅館に宿泊した。そしてそれに彼は大変満足した。

原子物理学者で私の友達であったフランス人で、サクレーの研究所長であったジャック・アルビュー氏もいつも日本に来る時は旅館に泊まり、皆と温泉や大浴場の風呂に一緒に入り、浴衣を着ることを楽しんでいた。

注七、憲法第三章「国民の権利及び義務」には以下のものがある。第一四条「法の下の平等、貴族制度の否認、栄典の限界」、第二二条「居住・移転・職業選択の自由、外国移住・国籍離脱の自由」

注八、　エドワード八世は、アメリカ人で離婚歴のあるシンプソン夫人との結婚を望み、即位後、一〇ヶ月余で王位を捨てた。王位はその弟のジョージ六世が継いだ。エリザベス二世の父である。

新聞、思い出と今後、その時代は過ぎたのか？

新聞というのは、毎日新たに見聞するから新聞なのであって、思い出などという主題はナンセンスもいいところという考えもあろう。しかし、現在の自分の気持ちを考えると何かこんな主題がぴったりくる。

私はかつて自著『悠憂の日々』（丸善プラネット、二〇一三年）で、「新聞、ジャーナリズムおよびマスコミ考」で、新聞についてはほとんど書き切ったつもりであった。常にある主題については自分としてできる限りの調査、検証をして、その結果の気持ちを余すところなく記し、もう書くことがないというくらいに自分を追い込んで書くというのが私のいわば主義だった。同じ主題を繰り返すことは避けたいと思っていた。

私は一年ほど前に、後藤正治著の『天人　深代惇郎と新聞の時代』（講談社、二〇一四年）を読んだが、この副題に書かれた「新聞の時代」という言葉に、新聞の全盛期はもう過ぎたのだ、という何とも言えない感慨を持った。確かに新聞の時代は去ったのであろうか。深代惇郎については、天声人語での素晴らしい記述について、既に河谷史夫著『新聞記者の流儀　戦後24人の名物記者たち』（朝日文庫、二〇一二年）で触れられているのを読んでいた（「知性とユーモアに富んだ珠玉の『天声人語』―深代惇郎」）。

深代惇郎が天声人語を担当した、一九七三年～七四年の頃は、私はようやく三〇歳で国立大学の全国共同利用研究所である東大原子核研究所に就職したばかりで、粒子加速器サイクロトロンのビームを使った、原子核物理学実験用の測定器の設計、建設と、数年前に東大のこれもタンデム・ヴァンデグラーフ加速器を使用してとったデータによる自らの博士論文のための解析を一心不乱にまとめることに専心していて、土日もない日々を送っていた時期で、全く新聞などをゆっくり読む余裕がなかった。勿論、一面や社会面はいやおうなしに社会の動きを見る興味で読み流していたのであろうが、天声人語のような、随筆なんかは全く読まなかったので、深代惇郎などという名前も知らなかった。

河谷史夫著を読んで、直ぐ私は、朝日新聞社発行の文庫本『天声人語　八　深代惇郎』（一九八一年）を購入して、珠玉の、と書かれた深代の文章を味読した。そして河谷氏が述べた意味が自分なりにある程度理解することができた。

この文章を書くにあたって、数年前に書いた先述の「新聞、ジャーナリズムおよびマスコミ考」を読みなおしたが、そこで、新聞に関しての私の見解に付け加えることは、何もないと感じた。ということは、それ以来、自分はこの主題の見解に関して寸毫も進化していないということでもある。だから、本節は、いわゆる蛇足ではあるのだが、いくばくかその後に考えた異なることを書いてみたい。

私の家では、父が早稲田大学の政経科を昭和九年に卒業して大蔵省に入ったのだが、理由はよくわからないが、その頃は朝日新聞が最も部数が多い新聞であったから、自然にそうなったのか、あるいは先輩の緒方竹虎が当時朝日新聞の主筆に就任した頃で、その為だったからなのか、ずっと朝日新聞をとっていた（注一）。日本の政治や経済に強い関心のある人たちは、多くの家が朝日新聞だったのかもしれない。だから私も子供の頃から朝刊の四コマ漫画はいつも、後に国民栄誉賞をとった長谷川町子の『サザエさん』だった。

小学校の頃か、夕刊に連載された村上元三の『源義経』で、歴史時代小説の楽しみを知った。金売り吉次が出て来て、その挿絵もよく覚えている。また、その後、石坂洋二郎の『丘は花ざかり』とか『山と川のある町』が連載され、後に作者の代表作『若い人』を読んだり、原節子、池辺良、杉葉子らが演じた『青い山脈』の映画を見るきっかけを与えてくれた。高校の時は、井上靖の代表作の一つ『氷壁』が朝刊にでて、毎回ナイロンザイルの切断による滑落死の物語が楽しみだったし、遠藤周作の『おバカさん』ものんびりしていて読むのが楽しみだった。新聞で小説を読んだのはその頃までだったが、それらは、その後の文学者の作品を読むきっかけを与えてくれた。

一方、スポーツ面は毎日読んでいた。プロ野球は言うまでもないが、特に朝日新聞主催の全国高校野球選手権は、あきれるほどよく覚えている。未だ予選が始まる前からの全国の各地区の有力高校の記事などから始まって、甲子園の戦いなど、写真は今でも鮮明である。前者では、その後プロ野球で活躍した別府緑丘高校の稲尾和久、神奈川商工の大沢啓二をはじめ、後のプロ野球の有名選手の高校時代の顔写真が頭に浮かぶ。夏の甲子園では準々決勝第四試合で延長十八回〇対〇、引き分け再試合になった徳島商業の板東と魚津高校の村椿の両投手が試合後、夜空のスタンド光の中で握手をしている写真が思い出される。

また、福岡の朝日国際マラソンも毎年テレビで見ていたし翌日の記事も楽しみだった。フィンランドのカルボーネンと旭化成の広島庫夫の呉服橋近くのデッドヒート、君原健二の活躍など、今も鮮明である。

天声人語は、ときどき読んでいた。大学の入学試験に出ることが多いと言われてもいたが、たぶん、その頃の作者は、ずっと荒垣秀雄だという話を誰からか聞いていた。

一九六〇年、大学に入ると、すでに安保改定反対運動で異常に緊迫した状況で、政治の季節だった。一面や二面、社会面をかなり熱心に読むようになった。

「東大、岩波、朝日」というのが、当時のインテリ、革新をめざす学生たちの三つのよりどころであると誰かが言っていた。あの頃は、東大の大内兵衛、有沢広巳、宇野弘蔵（三氏とも既に東大は退官していた）を始めとする大河内一男、大内力などのマルクス経済学教授、憲法の伊藤正巳、刑法の団藤重光、民法の川島武宜、政治学の丸山眞男、辻清明教授等が有名であった。岩波書店の雑誌『世界』（初代編集長は吉野源三郎）を多くの人が購読していた。私は理科一類だったから、自然科学の勉強が忙しく、目次を見る程度であったが、私と同世代の竹内洋氏の著『革新幻想の戦後史』（中央公論新社、二〇一一年）には第二章で「『世界』の時代」としてこの間の学生たちの雑誌購読の変遷が統計資料とともに詳細に書かれている。続いての雑誌は『文藝春秋』や『中央公論』だった。また週刊誌では一時期『朝日ジャーナル』が人気が高かった。

社会に出て、所帯をもってからも、家では習慣的に朝日新聞を取り続けた。だから、たまたま、何かの話題が起こり、他の新聞を比較の為などに読むことはあっても、それは稀であったから、私の新聞に対する感覚は、全く朝日新聞に限られ、非常に狭いものである（注二）。現在でも、高校や大学の友達と話をすると、「新聞に出ていたよなあ」という新聞は、ほとんど朝日新聞の記事であるから、周囲の友達も皆朝日を読んでいたし、今も読んでいることが分かる。朝日をとっているような家庭は、教育熱心でもあり、社会の進歩に期待をいだくような、いわば革新志向、だいたいは当時の社会党贔屓が多かったのではないかと思う。

特に社会人となってからは、同じ高校の出身で横浜国大から朝日新聞に入社した堀鉄蔵君や、一級下で中学の時からテニス部で共に楽しんだ坂本武久君が東大から朝日の科学部に行ったということもあり（彼とは後年に何度か船橋で飲みながら歓談したのだが、一九九六年に五〇歳前半で若くして急逝した）、朝日新聞がより親しくなった。なんとなく朝日は正統派というような思い込みもあった。

高校テニス部　前列左から２人目が坂本武久君　後列左から３人目が私

一九九四年六月、私が勤めていた放射線医学総合研究所が重粒子線によるがん治療を開始したのだが、その三ヶ月後に、放医研の放射線治療について、以前二〇年間施行していた中性子線治療と、開始されたばかりの重粒子線治療の双方のことについて、朝日新聞が批判的記事を出したいと、私の上司の部長に言ってきたのを聞いた。その内容が、重粒子線治療については実際とは全く異なるものだったので、私はそれを聞いて、堀君と、彼のなじみの某所で会った。彼は、九州の各地の警察回りから始めて、田中角栄が首相の時は、田中番で邸宅に詰めていたこともあったらしいが、この当時は社会部長になっていた。こちらからいろいろ状況を説明して、そんな間接的な噂話によるあやふやな記事を出すと、朝日新聞が後で困るぞ、ともかく研究所に来て実態をちゃんと調査した上で記事にすべきだと言って、彼に対処を依頼したことがあった。やがてたぶん彼の指示で朝日新聞の医学記事のキャップが放医研に来て、研究所の上層部の人たちといろいろ話し、キャップは「重粒子線治療についてはよく解りました。これには批判の余地はありません」と状況を理解して、「ただ、中性子線治療については、若い記者の努力に報いる意味で書かせて下さい」と言って、その上で記事になった。確かに中性子線の治療では、最後の頼みの綱とすがってきた末期の患者に対して、病院は人道的見地から多くの患者の治療を行ったのだが、それゆえに患者の治療前歴を慎重に考慮せず、後で中性子線による治療効果の検証という時に、科学的に明確な中性子線治療のデータというものが、非常に少なかったという点で問題があった。新たな重粒子線治療臨床実験にあたっては、そのことを反省し、事前の患者の選択にあたっても科学的データ取得を至上の目的として、体制を組んでいたので、我々の重粒子線臨床試験の試行に対しては、批判の余地はなかったのだと思う。

若き日の堀鉄蔵君

誰がこんなあらぬことを新聞に書かせようとしたのか、それは、あとでわかったのだが、所内の病院内の体制への不満分子が新聞に中傷記事を書かせようとしたらしかった。事実とくい違うことなので、私達はそれの内容は話にならないと思ったが、公開していない治療患者の名前までが記者に知られていて、この会談の数週間前には記者が患者の自宅にまで取材に現れた。これは本邦最初の試行であるだけに、本人の希望もあって秘密にしておいた筈なのに、いつのまにかリークされていた。こういうことは、内部告発などと言われて世上よくあることだが、その時は、まったく研究所内の個人的な嫉妬が原因だったようだ。次元の低い話だった。犯人は判ったが、これを問題とするとまだ面倒なので、本人には通知せずそのままほうっておいたらやがて彼は研究所から他に転職した。

一方、私は、その時むしろ、それに先立つ二人連れの若手記者が、夜になって患者の自宅や、私の配下の担当所員の自宅にまで押し寄せて、懸命に取材する行動に強い印象を受けた。彼等も社会の不正は正そうと必死の情熱を傾けていたのだ。

いずれにしても、我々が社会の動きを知るうえで、今迄に新聞の果たした役割の大きさは計り知れない。昨今、朝日新聞に対する不信、批判が喧しいが、もし、新聞がなかったら、我々の社会に対する理解はどうなっているだろうかと考えるだけで、その存在の大きさがうかがい知れる。

もっとも、私が三〇歳代後半から、三年間アメリカの中西部インディアナ大学で客員研究員として過ごした時には、日本の新聞を読むこともなく時々地元の大学町が発行する地方新聞をザッと眺めて暮らしていた。その時、日本の新聞を読まなくても人間はどうということもなく生活できるということに気がついた。逆に言えば、世界でのローカル性というのは根強いもので、そういうことから、世界の各国の人々の相互理解の難しさというものがあるのだろうとも思う。

ただ、現在では、新聞業界の様子は、当時とは全く様変わりしている。調べて見ると、二〇〇〇年頃に読売が公称一〇〇〇万部、朝日が八〇〇万部、毎日が四〇〇万部、日経が三〇〇万部、産経が二〇〇万部といったような分布だったのだが、今では、インターネット、スマートフォンなどの電子媒体の普及でたぶん上記の内の三大新聞は、どの新聞もその七〜八割だろうと言われている。日経だけは実務的なものなので、企業に勤める会社員が通勤途中で読むようなものとして余り変わっていないという。ただ、この発行部数の数値もいわゆる「押し紙」といって販売店におろすが、実際には売らずに棄ててしまうものも含むらしいので、曖昧ではある（注三）。

丸善の『学鐙』（二〇一五年秋、一一二巻、第三号）に浅羽通明氏（一九五九年生まれ、評論家）が「時間ループ戦後思潮論」と題して四ページの短文を寄せていた。その最初の部分では、産経新聞の一面コラム「産経抄」からの引用で、朝日新聞の年来の主張が、何年たっても少しも進化していない、イソップの「オオカミ少年」で今や誰からも信用されてない、という指摘がなされていた。それには著者なりの要約と解釈が書かれていた。

私は、そこで引用された二〇一五年七月十八日の「産経抄」の記事がどんなものかを知るために、都立中央図書館に行って、コピーをとり落ち着いて読んだ（産経新聞は、読売新聞と似てその保守的立場が明確な新聞であるが、大手の新聞の中で唯一縮刷版を作っていない。都立中央図書館では、過去四年分は保管されていて、それ以前はマイクロフィルムになっていると受付で聞いた）。

この当時は、自民党の周辺危機に対する集団的自衛権をめぐる「安保保障関連法案」が衆議院を通過した時期で、この法案は一部の野党からは日本が戦争に巻き込まれる「戦争法案」であると反対されていた。朝日は同月一七日の社説で「民主主義、立憲主義がこのままでは壊されてしまう」と書いた。しかし、この立場、この文章は今までも再三見たのではないか、として今迄の朝日の記事を挙げている。

平成四年、国連平和維持活動（ＰＫＯ）協力法が成立する直前、朝日は「事実上の『解釈改憲』」、「憲法の平和主義路線の根本的な転換」、と書いている。

平成一八年一二月、第一次安倍政権、改正教育基本法と防衛庁を防衛省に昇格させる改正防衛庁設置法が成立した際、朝日は「長く続いてきた戦後の体制が変わる」、「日本が次第に軍事を優先する国に変わっていくのではないか」、と書いている。

平成二五年一二月、特定秘密保護法が成立した際、朝日は「憲法の根幹である国民主権と三権分立を揺るがす」、と書いている。

平成二六年七月、集団的自衛権行使を限定容認する閣議決定がなされた時、朝日は「民主主義が、こうもあっさり踏みにじられるものか」と書いている、というわけである。

「産経抄」の著者は最後に、どうやら朝日の目に映る日本は、憲法を無視した非民主主義的な軍事国家であるらしい。「日米安保条約改定、ＰＫＯ協力法、周辺事態法…と、政府はいつも朝日の主張と逆の選択をして正解だった」。ある外務省幹部のセリフだ。オオカミ少年の末路は寂しい。と文章を終えている。

これをどう読むか、浅羽氏は、「全く十年一日どころか二十年一日のごときワンパターン。まさしくお守り札（鶴見俊輔）のごとき文句が使い回されてきたといえよう。……『産経抄』が、今やすっかり国民の支持を得ている」と述べている。もっとも、彼は、「産経新聞その他のいわゆる保守とかタカ派とか言われてきた陣営も、決して威張れたものではない」として彼等が常に外国からの脅威を感じ、その恐怖を強調して、それに対する軍備の整備を主張してきたとも言う。これらは、双方とも既視感があり、「ある法案や条約案を、もし成立したら民主主義の危機だと反対を煽りたてるリベラル、近隣諸国の動向あれこれを、何かというと侵略の恐怖に結びつけて脅かしたがるタカ派、どちらもほとぼりが醒めれば全てをケロリと忘れ、何ほどでもなかった自らの判断の誤りを検証することは決してしない」と述べている。彼はそれを敷衍して、新聞のみならず、このような感覚は日本人の特性ではないか、とも言っている。実際、このような視点は一九六〇年代、保守派の福田恆存、リベラル派の丸山眞男が既に指摘しているとして、その文章も引用されている。この既視感というのはフランス語ではデジャヴュ(déjà vu 既に見たことがある)と言われ、それの訳語と思うが、一時期、社会学などではやった言葉でもあった。日本の言論は、西欧からの輸入が多い。

しかし、私はこの批評文はなかなか鋭い点をついているなと感心した。確かに朝日新聞は、ある意味で「左翼小児病」という側面、竹内氏が『革新幻想の戦後史』と書いた正にそのような世論を代表してきた新聞であり続けたと思う。

私は、新聞の果たす使命として、社会の出来事を一般人に届けるニュースは当然のことながら、最も重要な使命は「権力を監視する」というのが、歴史的に見ても原点であると思う。民主主義の世界において、選挙の度の一票としてしか、態度を表しえない多くの大衆にとって、公の立場から時の権力を批判し、その考えのよりどころを与え教育してくれるのは、毎日接する新聞の存在がやはり大きい。より詳細な知識、評論を記述している雑誌が多数あることは事実だが、そこまで読む人は少ない。

朝日新聞は、戦後になって、戦前戦中の自らの会社のあり方を痛切に反省した。実際、太平洋戦争時代の新聞の記事を見ると、朝日新聞もこんな風にまで、戦局を美化して書いていたのかと、吃驚させられる。

それを、慙愧の念で振り返り、戦後の再出発を誓ったのである。それは、一九四五年、十一月七日の一面にのった森恭三の次の言葉で代表される。

「宣言　国民と共に立たん―本社、新陣容で『建設』へ」という見出しで、

「……開戦より戦時中を通じ、幾多の制約があったとはいへ、真実の報道、厳正なる批判の重責を十分に果たし得ず、またこの制約打破に微力、つひに敗戦にいたり、国民をして事態の進展に無知なるまゝ今日の窮境に陥らしめた罪を天下に謝せんがためである。……日本民主主義の確立途上来るべき諸々の困難に対し、朝日新聞はあくまで国民の機関たることをこゝに宣言するものである」と。

彼は戦時中は、海外を転々とすることが多かったようだが、戦後朝日新聞の労組委員長になった。この時政経部デスクで政経部長から指示され一気に書き上げたという話である。

一方で武野武治（むのたけじ）のように、全員一旦退社すべきだと主張し、自ら退社した後に、地方の週刊新聞「たいまつ」を立ち上げて活動を続けた硬骨漢もいた（注四）。

一方、戦後になっても、アメリカのCIAの戦略で、報道関係はさまざまなる圧力（資金提供も含め）の中で動いてきたようである。日本にも情報局を作ろうとした緒方竹虎とか、正力松太郎の話など、いろいろあるようだ。江藤淳は検閲に対する憤懣の書『閉された言語空間―占領軍の検閲と戦後日本』（文藝春秋、一九八九年）を書いた。

戦争を憎み、何としても平和国家としての日本を作らなければ、の思いが「産経抄」で指摘されたような言動に現れて来たのだと思う。確かに、事あるごとに繰り返されてきた文章は、はなはだ一面的であると批判されてもしようがない面がある。

それは別にしても、河谷史夫著を読むと、過去に素晴らしい新聞人が幾多いたことに大きな感銘をうける。なかでも、一九三六年に三五歳で二・二六事件の直前に朝日に入り、九月には論説委員となった笠信太郎は、三九年に『日本経済の再編成』を出版し、ベストセラーになった。しかし、この結果、「お前を殺す」という右翼の脅迫状が机の引き出しの中に一杯になるほどだったという。主筆の緒方竹虎は彼の身を案じ欧州特派員の辞令を発して第二次世界大戦が既に起こっているベルリンに行かせた。やがて笠は四三年にナチスの敗北を感じてスイスに移った。四五年四月よりスイスのベルンで彼はなんと和平工作をしたという。駐スイス海軍中佐の藤村義朗とともに、「銃殺覚悟だ」と述べてことに当たり、本国に「対米和平交渉をする」と米内海相と軍令部長に三五通の暗号電報を送った。しかし、返電はなく、日本は結局、原爆投下を蒙り、ソ連の参戦、千島四島を奪われることになったのである。彼が七年余り経って日本に戻ったのは四八年のことだった。直ぐに彼は論説主幹に就任、以後六二年まで、実に一四年間の長きに亘って論説主幹を務めたとのことである。

戦後の朝日の主張は、全て彼を中心とする論説委員の意見によって、以後も規定されたものと言ってよい。例えば、朝鮮戦争に積極的には協力しなかった（ＧＨＱは笠をやめさせろと何度も圧力をかけ、長谷部忠社長が抵抗して続けさせた）とか、全面講和論を唱えたとか（この時、世論は、単独講和論の方が多数であった事は、前述の竹内著に書かれている)、六〇年安保改定論争の時は、自身、不平等条約の改定には賛成でありながら、国会の単独採決を見るや「岸退陣と総選挙を要求す」という社説を書いた。これが「暴力を排し、議会主義を守れ」とする、笠が主唱した在京七社の「共同宣言」になったという。

私が見るところ、新聞人には大雑把に言うと三通りの人種がいるように思う。一つはその新聞の社会的主張を牽引して論陣をはる、言わば、その新聞の言論人の中枢である人たちである。もう一つは、取材に有能さを発揮し、事件記者的な仕事を主として、組織の中の基盤を形成し、社会の木鐸としての会社を堅固に守り育てる、いわば、組織人というタイプであり、上は社長から、下は第一戦の若手記者に至るまで、この人たちが会社の大部分を構成する。一般の読者は堅苦しい社説や論説を日常読むことは稀であり、政治、経済、社会面で世の中に起こっている記事を追うのが、普通であるからだ。ただ、その記事も第一の人たちが社風を決定しているのは確かであろう。三番目は遊軍とも呼ばれることが多いようだが、その文筆の冴えで、社会の観察、批判をこととする、いわば高度な知的文化人といったタイプである。第一のタイプは笠信太郎、森恭三、新しい世代では論説委員になった、松山幸雄（注五）、船橋洋一、若宮啓文氏といったような人たちであり、堀君は、二番目のどちらかといえば地味な存在であり、天声人語の荒垣秀雄、深代惇郎、短文のコラム「素粒子」を担当した河谷史夫氏は三番目の人種である。

堀君は、高校時代はサッカーや野球を好むスポーツ青年であったのだが、朝日新聞の時代は身体を張って仕事をして、健康状態は随分ボロボロになったようである。退社後、五年間ほど、名古屋テレビ（メ～テレ）の社長をしていて、その間にテレビのアナログからデジタルへの転換の際に大きな貢献をしたようだ。そこも終わって東京に戻って来たので、最近は身体も回復して毎年同期会、あるいは数人の親しい友との新年宴会で顔を合わせている。

彼も、今や諸氏によって散々批判されている最近の朝日新聞の三十年以上前の「慰安婦問題の記事」における出所確認をさえ怠ったという信じられない失態とか、それの取り消しに対処したまるで形をなしていない幹部に対しては、嘆きの気持ちを再三吐露している。

三十年以上前というと、彼が前線で身体を張っていた頃ということになるが、別の部署で起きたことで、多くの人と同じように彼も全く知らないことだったのだろうが、情報の裏付けをとるということは基本中の基本なのに考えられない出来事だと言っている。

これから、メディアの世界がどのように変化して行くのであろうか。何と言っても、インターネットの普及が一番大きい影響であることは、多くの人が指摘している。どの家庭でもパソコンを使い、双方向のコミュニケーションが普通のことになっている。ニュースはテレビに続いて、直ぐインターネット上で報知される。また、それ以上に、スマートフォンの各個人への普及は、インターネット報道の携帯化となって、少なくとも働いている人の必携品となっているようである。

私も子供たちが、孫にたいして「もう中学生になったのだからスマホを買ってやるか」などという言葉を聞くと、スマホが、今の子供がいちはやく大人の世界に入るための、あるいは友達との交流の為の道具になっているのだろうと想像する。

しかし、私はそれに抵抗しても世の流れだからしょうがないとも思うが、意見を問われれば反対である。インターネットのニュースはあくまでもダイジェスト版であり、ざっと世の中に起こった事はすぐ見渡せても、深くものごとを考えるよすがにはならない。私は、パソコンなどのオペレーションに堪能になるのは、単に便宜上のことであって、それはコンビニエンス・ストアのようなものと思う。

教育でもっとはるかに重要なことは、読書の習慣を身につけることである。読書好きになるか、ならぬかは、その人の人生を決めるとまで感じている。なぜなら、自分の身の周りに起こることは、非常に限られたことであり、それを乗り越える知識、経験を得るには読書が一番であるからだ。そして、読書を通じて、その刺激によって、その時々によく考えることである。読書好きと、そうでない人では、人間的にも非常な内容の違いが出て来ると思っている。

電子書籍などを愛用しているという同世代の友もいるのだが、本は字が小さくて読むのがつらいのでというのはもっともだが、たぶんこれは世の主流には絶対にならないだろうと思っている。小さな画面でそこを追っていくというのは何だか悲しい感じである。

ただ、スマホの普及は凄まじく、電車に乗ると、八割ぐらいの人が、頭をたれてひたすらスマホを操作しているのが普通となり、新聞を読んでいる人などほとんど居なくなっているのは事実である。

だから、こういう時代に新聞の存在感ははるかに小さくなっているし、今後も報道媒体としての意義は限定的なものになっていくだろう。

このような新聞の将来を論じたものとして、私は、河内孝著の『新聞社　破綻したビジネスモデル』

（新潮新書、二〇〇七年）を読んでみた。河内氏は、毎日新聞社の社会部や政治部に勤め、常務取締役（営業・総合メディア担当）になって、二〇〇六年に退職し、以後、母校の慶應大学や東京福祉大学で講師を務めている、と著者紹介にある。

この本には、かっての新聞人から見た、新聞の営業的考察がいろいろ書かれている。私は考えて見れば、今迄、新聞は読者の一人として当然のことながら、その記事内容、編集面からばかり考えて来たが、実際は、新聞社の将来を考える時、その営業、販売の実態を把握するのが必須であることは当然である。私は、ある程度漠然とは知ってはいたのだが、この本でそれに初めて詳しく目を開かれ、いろいろな状況の理解が明確になった。

第一章「新聞の危機、その諸相」で、現在の新聞業界の状況を説明している。

日本の場合、満州事変の頃から、国家総動員体制を目論む政府と軍部が、物資統制令で原料用紙の割り当てを行い、全国にあった一二〇〇紙の新聞社を、大都市を除き一県一新聞にしたのが、現在の西欧諸国と異なる新聞界の体制の元となった。終戦時には五七紙になっていたという。そして、残った各紙は、そのお陰で経営が安定することになり、さらには再販制度で価格が保護固定されていること、宅配制度が各家庭に徹底され、多くの家庭が固定的な新聞と契約しているのが、大きな特徴である（注六）。

この本で書かれている資料は今では古いので、これを現在の統計に焼き直して見ると次のようになる。まず新聞の発行部数であるが、日本新聞協会の統計によれば、二〇〇〇年に、世帯数四七四二万に対し、五三七一万部であったが、二〇一五年では、世帯数五五三六万に対し、四四二五万部である。世帯数は増えたのだが一世帯あたり部数が、一・一三部だったものが、〇・八部になっている。これは明らかに新聞をとらない世帯が増えていて、新聞の発行部数も二〇パーセント弱減少していることになる。また、新聞広告費はこの間に、一兆二四七四億円から、五六七九億円になり、実に四五パーセントへの大幅な減少である。

各新聞の部数は、ＡＢＣ公査「Audit Bureau of Circulations」（新聞雑誌部数公査機構＝世界三三ヶ国が加入する国際機構）で毎年調査、発表していて、企業が広告を掲載する時に参考にしているとのことである。この暦年調査では、高度成長期の一九六六年、朝日が大手三紙の最初に五〇〇万部を達成、翌年読売が、四年後毎日が続いて達成、ずっと朝日がトップであったのが変わったのが、七七年で読売が七二六万部で朝日を抜き、以後、読売はトップの座を譲ることなく一〇〇〇万部への道を驀進したと書いてある。確かに、あの手この手のサービスとともに読売の販売に対する熱心さというのは、他紙とは格段の差があったのは、私も何度も勧誘された経験から身近に感じとられた。以上は勿論いわゆる公称部数である。

ここ数年、日本では、どの新聞も販売部数は漸減しているのだが、二〇一五年のＡＢＣ部数は、読売が九一〇万部、朝日が六七八万部、毎日が三二五万部、日経が二七三万部、産経が二〇〇万部である。前年からの比較でみるとすべての新聞で減少しているのだが、減少幅はそれぞれ一三万部、四七万部、五万五千部、三万七千部、二千部で、朝日の減少幅が異常に大きく、これは先述の失態記事による不信感が大きく響いたものであろう。

世界での新聞販売部数を見ると、読売、朝日が、一位、二位で、毎日、日経も上位に位置し、アメリカは、これは統計がやや古いが（二〇一一年）、トップのウォール・ストリート・ジャーナルで二一二万部、ＵＳＡトゥデイ一八三万部であとはニューヨーク・タイムズなど全て一〇〇万部を下回っている。イギリスでは、サン二二五八万部が筆頭だが、有名なタイムズは三九万八千部、フランスでは、ルモンド、フィガロなど、だいたい三〇万部くらいである。

第二章「部数至上主義の虚妄」では、最初になぜ最近新聞、テレビを始めとするマスコミに対して国民の批判が高まっているのかということについて、いくばくかの議論をのせ、マスコミの人権に対する侵害が非常に多くなっていることが述べられている。戦時中の言論弾圧への反抗で、「真相の暴露、権力腐敗の追及」をマスコミに期待したのだが、社会が成熟するに従い、言論の自由よりも報道被害が目立つようになった。新聞自体が権力だという見方が増えてきている。著者の引用をそのまま書くと、ある地方新聞社の社長が新聞大会で「編集で真実の報道を標榜しても、『その一方で、販売でやっていることは何か』といわれると、二の句がつげない」と述べたという。

新聞経営の中で、特に情報開示されていないのが、発行部数と実売部数の乖離の問題です、ということで、この問題をひときわ詳細に述べている。日本ＡＢＣ協会や日本新聞販売協会、また公正取引委員会による調査も行われ、これは何度も裁判沙汰にまでもなったようだ。それでも、これは販売店の生存をかけた抵抗で、依然としてはっきりしたことがわからないままだという。

一方、新聞の閲読率を個人に個別調査をするＪ―Ｒｅａｄ（Japan Readers & Areal Rate）という第三機関による調査（ビデオリサーチ社）も行われて、二〇〇四年の調査では、一七府県で、ＡＢＣとは異なる結果が出たという。朝日が読売より購読率が高かったのが一五、逆が二というのだ。

そして、今迄の新聞社の何が何でも部数増大をという方針に派生する事柄を、詳しく示している。宅配が一般的になっている日本では、ずっと同じ新聞を取り続ける家庭が多く、毎月、契約変えをするのは一五％ぐらいらしい。この一五％を巡って、各新聞販売店は激しく汗をかく努力を続けているという訳である。この特定の新聞を勧誘する方法は凄まじい。筆者はあるネットでの学生の書き込みを見て、血が逆流したという。それはアルバイトに出掛けようとドアを開けた途端、家に押し寄せた拡張団と目を合わせ、慌ててチェーンをかけたが、「あんたはよかった。ウチの若い者なら、こんな細いチェーンは……、六ヶ月とってくれれば今後うるさいことなしだ」と散々粘られ、結局無理やり契約させられたというのだ。この本はほぼ一〇年前に書かれた筈だが、恐喝まがいに購買を強要するこのような勧誘は、現在も行われているのだろうか。

河内孝氏は、中部本社代表のとき、岐阜県の販売店の女性経営者の背後に政治結社代表を名乗る拡張団の団長が居て、暴力団との付き合いがあるというので契約解除したところ、日の丸を立てた車が、中部本社の玄関に突っ込んできたり、配達中の女子学生を四輪駆動車で追いかけたり、読者名簿を見て購読をやめるよう読者にスゴむことも行われたという。

こういうなりふり構わない部数至上主義を正常化する努力は、何回か試みたがすべて失敗したと著者は述べている。こうなると、もはや、これに対する正常化手段は、内部努力ではダメ、公権力でという言葉が現実味を帯びて来るともいう。一方、編集局の人間は「販売は伏魔殿」といって近づこうともしない。たぶん、ある意味で販売局は新聞社の拡張の為の汚れ役とも言えそうだ。また、こんな姿を読まされると、新聞の主張とか、社会を指導するとかいう話がまったく、自分達の醜くかつ暗い部分を棚にあげた綺麗事、絵空事のように思えて来る。

第三章「新聞と放送、メディアの独占」では、日本の五大新聞がテレビを支配するようになった歴史が書かれている。一九五〇年朝鮮戦争が始まり、アメリカは情報戦に勝つためにドイツと日本にテレビ網を建設する必要があるといい、これに正力松太郎がいち早く反応し、読売は五二年に放送を開始した。五七年、当時三九歳で岸内閣の郵政相に就任した田中角栄がテレビ局開設希望一五三を自ら調整し三六局に免許を与えるという思いきった決断をしたとか、朝日と日経のチャンネル交換について、佐藤内閣時代、朝日ＯＢの橋本登美三郎総務会長などの奔走もあり、そのときは幹事長になっていた田中角栄が裁定を下したとか、常に許認可権を持つ政府への新聞社の政治家がらみの行動がいろいろ記述されている。その意味で著者は、この業界は、政府の「護送船団」であると述べている。

五九年に定められた「マスメディア集中排除原則」は今や完全に空文化され、結果的に、テレビ界は各系列毎に資本から言っても上部人事の点でも新聞社が完全に支配している。この中で私にとって印象的だったのは、〇五年に公正取引委員会が調査を進め発表した、新聞、テレビの営業にかかわる「広告業界の取引実態に関する調査報告書」を、テレビ、新聞とも全く報道しなかった、という事実であった。また、テレビが日頃安く買い叩いている下請けプロダクションの実態を調べた同じく公取委の報告も全く報道しなかったという。ベンチャー企業が開発した技術を安く買い取り利益に結びつける大企業とか、我々が子供の時に聞いた産業の二重構造の問題は、マスコミでも例外ではないのだ。

自分の不利益になりそうなことは、既得権を守るために完全に無視するというのは、日頃、報道の自由を標榜するマスコミ界も、自己防衛のためには、実にずる賢い振る舞いをするということである。著者は、これは新聞販売のタブーと同じ構図で、新聞、テレビ、広告代理店、みんなで作る護送船団に対する批判や論評は無視するか排除する。これらが、知らされない国民の正しい判断をいかに阻害し、建設的な判断を妨げているのか……と述べている。

第四章「新聞の再生はあるのか」は、可能性として、読売、朝日に対して、他の新聞が糾合して第三極の新聞を立ち上げる必要を述べているが、これは現実的でなくもちろん実現はしていない。ただ、幾つかの価値のありそうな提言はある。それは、事件や役所の発表は通信社にまかせ、新聞社は独自の取材に精力を注ぐべきだということである。記者クラブの存在で、前者の内容はどの新聞も金太郎飴のごとくとはよく言われることだが、これは共同通信社のような者に任せて、新聞社はそれを掘り下げる「解説部」と「論説部」があればよい、という話、また経営は、編集出身者でなく、経営責任をとれるような、例えば銀行などから招けばというような分業の合理化の話である。

第五章「IT社会と新聞の未来図」は、いくばくかの話はあるが、より時間の経った次の本に譲る。それは同じ著者によるさらに進んだ三年後の考察『次に来るメディアは何か』(ちくま新書、二〇一〇年)である。この本は、今後、新聞はどのようになるのか、またメディアはいかなる変化をしていくのか、という問題を論じている。

第一章「アメリカ新聞界のカタストロフ」でアメリカのメディア界の凄まじい変化の様子を書き、第二章「化石のような日本メディア界」で、それに比べて旧態依然としている日本の状態が書かれている。アメリカでは、日刊紙が三九五紙、別売りの日曜版が五五七紙などで、その総数は二〇〇六年だが一四八七紙にものぼると書いてあり、日本とは新聞界の事情が全く異なっている。

そして、大手新聞は絶えず地方紙を買収・合併したり、離合集散を繰り返し、資本も流動的である。

二〇〇八年には、全米で屈指の売り上げであったトリビューン社が破産申請、〇九年前期だけで、ミネソタ・スター・トリビューン、フィラデルフィア・インクアイアラーズ、サンタイムズ・メディア社が破産申請、ロッキー・マウンテン・ニュースが廃刊、などといった具合である。もっともこれらの破産劇は、法律でも再建にウェートがかけられていて、すぐに会社清算とはならないのだそうである。

この間に、クリスチャン・サイエンス・モニターのように、財政難から電子版のみになるような新聞社も増えているようだ。

この新聞界の苦境の原因は、読者の減少ではなく、売り上げの七〇〜八〇%を占めてきた広告収入の激減であるという。広告はインターネット、グーグルなどの電子広告サイトに流れていっているのだ。それは、六、七年後の現在の日本にそっくりあてはまる。

このアメリカの新聞界の激変で、二〇〇八年六月からの一年間で、二万人以上のジャーナリストが解雇された。記者数のピークは二〇〇一年で、当時五万六四〇〇人いたのが、その三五%が僅か二年で失業、これに印刷・輸送部門を加えると約五万人がレイオフされたということになった。

このような新聞の苦境に対して新聞は社会の公共財と位置付け、一時は新聞再生法などという救済策を政府は考えるべきだという議論が起こったようだが、アメリカの公権力の介入を嫌う自由の伝統から、そのようなことは、結局実現してないようだ。著者はリストラされた記者や編集者が新たにニュース・サイトを立ち上げ「新ビジネスモデル」を模索している姿には勇気づけられると述べている。しかし、「新聞紙ビジネス」から「デジタルコンテンツビジネス」への流れは加速する一方であるようだ。

第二章では、日本では、アメリカと事情が異なり、新聞社の広告収入は三〇%ぐらい、完全個別配達網の確立で収入は安定している、ということ、日本の新聞代金は、国際的には割高でその分経営的に潤っていること、また、アメリカの新聞シンジケートの多くは上場企業なのに比し、日本の新聞社は上場してないので、市場からの監視を免れていることなどが、まず書かれている。

続いて、主要新聞社の二〇〇九年の決算が出たところで、各社の経営を数値としてある程度細かく分析しているが、大雑把に言って、各社とも赤字決算である。この原因はアメリカと同じで広告の売り上げの急激な低下によるものだ、という。図を見ると、新聞への広告費はテレビへの広告費の約半分で両者とも、二〇〇七年から〇八年にかけて減っているが、新聞の落ち込みはテレビの約三倍であり、これに比してインターネットの急上昇がひときわ目立つ。

媒体別広告費の推移(電通発表)

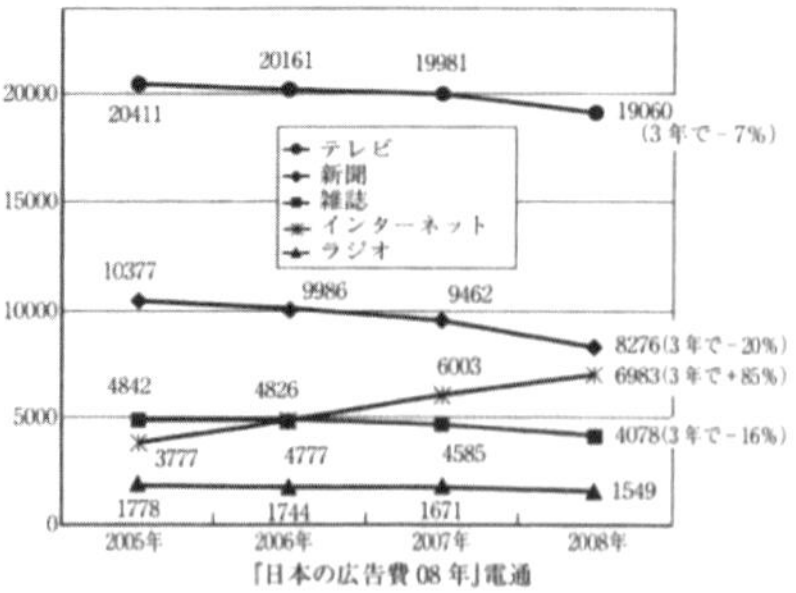

「日本の広告費08年」電通

その後の電通の二〇一四年の結果発表では、テレビはやや持ち直しているが約一兆八三〇〇億円、新聞は上図二〇〇八年の約八三〇〇億円から二〇〇九年にさらに下がって六〇〇〇億円台になり、以後ほぼ停滞のままで六〇〇〇億円台を僅かに維持、インターネットが新聞をはるかに追い抜き、媒体費と広告制作費を合わせると、一兆五〇〇〇億円になっている。日本ではテレビはＮＨＫを除き、他の主要民放五局はすべて新聞社によって系列化されている。また、朝日の北海道テレビから、産経の西日本テレビなどまで、各地方テレビもことごとく五社によって系列化されている。だから、新聞社の経営から言えば、テレビと新聞は完全に一体化している。共通の相手は、インターネットなどのニューメディアである。広告としてのニューメディアの強みは、インターネットで見る客がどのような層であるかをリアルタイムで把握することが可能で、対象者を考えながら広告の内容を細かく変化させることが可能になったことにあるという。著者は、ここで一体化し、かつ行き詰まり感のある新聞とテレビの将来の活路の考察を三段階に分けて行っている。

一つは産業構造の合理化で、現在、新聞各社は原料購入、印刷、流通、販売と全工程を保有して運営しているが、これを「記事をとり、編集する」という機能に徹し、それ以外は、業界としての共同の印刷、共同の販売会社に委託することだという。これは各社の専売店販売の消滅を意味し、部数が大幅に減少するだろうが、元来、新聞だけが専売店を持つ事が異常なのであり、こんなことは他の商品で普通に行われているのだ、と著者は言う。確かに、新聞社に首根っこを押さえられている現在の新聞社毎の販売というのは、押し紙問題に見るように、不健全である。

二つ目は、新聞社と系列下のテレビ局の連携のあり方の模索である。そもそものテレビ局の設立の歴史から、親会社はテレビ局の資本を二〇～三〇％保有し、テレビ局の上層部に新聞社からの多くの人が天下っている。またテレビ制作その他の利益を吸い上げている。テレビ局は制作にあたり、これまたいろいろな下請けの会社、組織の制作品を安く買いたたき、何とか利益を得ようとしているという。こんな構造はよく聞くことだが、新聞、テレビでも、同様らしく、生粋のテレビ局上りが社長になることなんかまずあり得ない。たまたま生え抜き社長が実現すると、民族派の悲願達成ということで話題になったりしたようだ。こんなことで、著者は各テレビ局の決算も縷々説明している。

三つ目が、アナログからデジタルへの転換である。この本の出版当時には、二年後の未来のことだったが、これは現在既に実現しているので、ここでは省くが、これまで政府の数々の保護政策、法案で、護送船団として、新聞、放送業界が守られてきたという実態がよくわかる。

これ以後は、第三章「メディア・コングロマリットの光と影」、第四章「次に来るメディア産業図」と、著者は論を進めているが、前章の産業構造の変化も実現していないのだから、それはここで扱ってもしようがないだろう。

もう一冊、読んだのは長谷川幸洋著『二〇二〇年 新聞は生き残れるか』(講談社、二〇一三年)である。これは題名に惹かれたのであるが、中身はそういうことよりも、現実に進行するメディアの進捗状況を身をもって経験しつつある著者としての意見が述べられている。というのは、著者紹介によれば、書いた時点で、東京新聞・中日新聞の論説副主幹であり、二〇〇五年から三年間政府の財政制度審議会臨時委員、二〇〇六年から三年間税制調査会委員、二〇一三年から規制改革会議委員と次々と務め、かつテレビ朝日やBS朝日のテレビ番組に出演し、なお数冊の本(『官僚との死闘七〇〇日』、『日本国の正体』、その他)も書いているという、非常に幅広い活動をしているジャーナリストであるからだ。

以前、自著『悠憂の日々』の「新聞、ジャーナリズムおよびマスコミ考」で記述した前澤猛氏の本『新聞の病理』では、記者はその独立性を保つために、政府の審議会委員などにはなるべきでないと前澤氏は述べて居たのだが、彼の場合どうであろうか。むしろ自分のジャーナリストとしての意見を積極的に為政者に進言することで、世に益になる方を選んだと言うべきなのだろう。

彼によると、新聞とテレビというのは、それぞれ異なる特質を持つものだから、競合しつつ、共存していく媒体だということになるようだ。新聞記事を書くときは孤独な一人の作業である。これに対してテレビというのは相手があり、時間の制約がある。考え込んでいたら、どうにもならない。彼はそういうのは本来苦手である、だから彼は事前に書いてから番組に臨むという。

彼は新聞のニュース記事、役所にぶら下がっている取材の仕事などは、共通の通信社に任せ（これは、前述の河内氏も述べていた）、新聞は「人々の内面に迫っていく」という仕事があるのではないかという。また、新聞は「事実の掘り起こし」とか「脇役に焦点を当てる」という仕事をすればよい、というようななかなか良い指摘をしている。

また長年経済部の記者であっただけに、経済のことは非常に詳しい。国の借金が一〇〇〇兆円ということ自体はそれほど問題ではなく、肝心なのはプライマリー・バランス（基礎的財政収支）がどうなっているかが重要だとか、財政再建で最も重要な指標は、債務残高をＧＤＰで割った数の変化率がマイナスであれば財政は健全化していると考えるというやや複雑な数式を解りやすい説明で書いている。

新聞記者たちは、ともすれば記者クラブでの財務省、経産省の役人の報告とか、日銀の会見結果を、彼等は権威者だとして鵜呑みにして記事を書きがちだが、自分で経済学をきちんと勉強するべきだと主張している。

その他、テレビなどの、政治的中立性を守る意味で、各党から等距離でいることの問題、それを上手に解説している最近評判の池上彰とか、逆に独断と偏見で切り込む田原総一朗の方法なども扱っていてさすがに同じようなテレビ出演の経験者ならではの記述もありなかなか面白かった。

また、近年、インターネットの調査報道で、新聞などを抜いて名を上げた『週刊ポスト』の女性記者、福場ひとみ氏のことを取り上げている。福場氏は、二〇一二年四月、東日本大震災復興予算で、多くの部局が、名目上の復興予算と関係ない流用を行っている実態を暴いた記事を出した。その時のタイトルは「ついにシロアリ官僚が『復興予算』を喰い始めた」というものだった。彼女は、取材に飛びまわったりすることなく、役所の出したネット公開の一次資料を丹念に調べ、電話取材だけで告発記事を出したのであった。直後、財務省主計局は説明資料を配り、大慌てで記事のもみ消しを図ったが、ＮＨＫが九月にＮＨＫスペシャルで「追跡　復興予算一九兆円」を放映し、この問題が広く知られるようになった、という。福場氏は、この件で二〇一三年、第一回自由報道協会賞、調査報道賞受賞。同年、著書『国家のシロアリ　復興予算流用の真相』で第二〇回小学館ノンフィクション大賞優秀賞を受賞した。

長谷川幸洋氏は、その他、ジャーナリストのあるべき姿として、取材源から距離を置いて自分の立ち位置を守ること、取材してもそれをそのまま書くのではなく、一旦自分の頭で考えることが必要などと指摘していて、官僚の振る舞いに対する批判の目も十分持っているので、私はこの人なら、いくら政府の審議会委員になってもいいのではないのか、と感じた。ただ、それで彼の活動が意味のあるものになったかどうかは別問題である。

ここで、今の若い新聞記者に言いたい。我々を育ててくれた新聞をなんとか誇りを持って継続してほしい。いまや新聞の最大、最良の客は六〇歳以上の高齢者で、年金生活者であるというような話はあるが、販売数などは、読者から見てどうでもよいのだ。インターネットの世界がどんどん延びて行くのは趨勢であろうが、その欠点もある。それは、自分の興味本位のことばかりあさるという点で、著しく知識・情報が偏よるところにある。また、インターネットのニュース記事自体は、他の記事からの転送、要約ばかりであって、その機関自体に調査能力などは全くない。それを持つのは今も新聞社であり、あとは幾つかの週刊誌であろう。そういう意味ではインターネットなどは問題ではない。

朝日新聞は堕落した、とされているが、それは大まかに言って二つの事象が関係していると言われている。一つが「原発事故に対する対応」で、もう一つが先にも触れた「慰安婦の記事」である。前者に対しては、元朝日新聞社会部記者の谷久光氏が書いた『朝日新聞の危機と「調査報道」―原発事故取材の失態』(同時代社、二〇一二年)に詳しく書かれている。これは事故の翌年に書かれていて、生々しい記述に溢れている。焦点は、事故直後から政府の現場立ち入り規制で、朝日を含む大手新聞社が東電の記者会見の発表をただ垂れ流しで報道するしかなかったという体制の問題である。いわば、ここでも戦時中の大本営発表と同じという批判である。発生当時、社内でも決死隊を編成して現場に乗り込むべきだという声もあったらしい。事故後半年の九月、『週刊朝日』が初めて内部立ち入りの写真付きで「原子炉建屋の中は木っ端みじんだった」と報道したのだが、実はその取材をしたのは厳重な防護管理のもとに身を固めたフリーの記者であった。この問題は、一読して、なかなか難しい事柄であるなと感じた。命の危険のあると信じられていた現場に行けとは、上司としては言えなかった、というのももっともな面がある。

後者については、さまざまの記事が出ているが、吉田調書や従軍慰安婦を巡る一連の捏造・誤報問題の責任をとる形で、最後には社長の木村伊量氏が、二人の取締役とともに辞任したのだが、これは全く弁護の余地はない。

それらを読むと、新聞社の体質だとは批判されているが、多くの記者が責任のとりようもない、一部の人間、特に上層部の判断の結果なのである。多くの記者は、今も「権力を監視する、言論の自由を守る」という本来の新聞の使命を果たそうとして懸命に努力しているに違いない。もちろん、新聞界の欠点は、例えば、今でも続いている政治家や財務省、経産省との記者クラブの安易なあり方もある。

また、朝日新聞は、より弱い者に寄りそうという立場が強いあまり、大衆に迎合しがちであるという欠点があった、あるいは今でもそうかもしれない。いわゆるポピュリズムの要素である。例えば、反原発の主張は、私は認めることができない。私は原発維持は必要だと考えている。日本の経済基盤のことを考えると、どうしてもある時期までは原発は必要である（このことは自著『悠憂の日々』（丸善プラネット、二〇一三年）内、「原子力問題について」で述べた）。

しかし、思い出してもみよう。過去に偉大な新聞人は幾多居た。時の権力にびくともしなかった先輩、その中でも、昭和一一年二・二六事件で、首相官邸を襲撃し護衛警官を射殺した連中と、高橋蔵相を殺害した連中が一緒になって朝日新聞社に踏み込んだ時、ピストルを持った青年将校達に沈着に対応した緒方竹虎。彼はさらに一四年には右翼にコンクリートのかけらで頭部をなぐられ重傷を負ったりしたが、それにもかかわらず、戦後、東久邇内閣で情報局総裁として、ＧＨＱに呼ばれ、銃口を突き付けられながら「言論の自由」を述べ、「検閲に反対するのか」と激昂する相手に毅然として相対した。二・二六事件の時、緒方は四八歳であり、その胆力と勇気に学べと言いたい。

戦後の再出発に当たった時の森恭三の言葉をかみしめて欲しい。河谷史夫著に描かれたような、幾多の名記者の情熱を引き継いで欲しい。また、調査報道の鬼であったと言われる山本博（注七）に学んでほしい。官制報道、記者クラブでの報告を伝えるだけの記事、ものごとの事実を共同通信からもらうだけの記事、それらから借りて来たダイジェストを伝えるだけのインターネット記事、それらでは、決してできない記事、それが調査報道である。それこそ新聞記者だけが独自の操作網で調べ、ものごとを掘り下げる能力があるのだ。

もし、朝日新聞が無くなり（実際は考えられないが）、読売や産経のように、自民党のシンパである新聞だけになったら、もう世の中、権力を監視するという本来の目的から言って、新聞の存在価値は著しくなくなるであろう。たとえ、それが行き過ぎていたという側面があったにせよ、時の権力者に緊張感を与えてきたのは事実であり、左右両翼の見方があることが、政治のバランスにとっても、言論の自由から言っても好ましいと私は思うのである。

注一、『緒方竹虎』（栗田直樹著、吉川弘文館、二〇〇一年）を読むと、大正時代から昭和二〇年の敗戦に至るまでの朝日新聞の歴史の概要がわかる。緒方が入社したのは一九一一年（明治四四年）である。当時は、社内で上野理一、村山龍平の二人の資本家による経営で、派閥対立が続いていた。また、種々の記事に関する見解の相違などで、池辺三山、中野正剛、長谷川如是閑、大山郁夫など、私が名前を知っているかなりの人がこの抗争のなかで、退社している。退社しても、すぐ生活が何とかなっているのは、筆が立つことで直ぐ次の職場が見つかるという当時の世相があったのだろう。

緒方は新聞記者としては、平凡であったというが、若くして他の雑誌『財政経済時報』や『信濃毎日』にかなり激しい論調の政治評論を寄稿していて、大隈内閣批判、原敬の政友会擁護、寺内内閣批判などを書いている。大正九年に緒方はイギリスに渡り、また社の特派でワシントンの軍縮会議（日本の海軍主力艦を対米六割とする決定となった）で取材をしている。これが功績となったのか、帰国後、東京朝日内にある大阪朝日通信部の部長となって以後、緒方はめざましく昇進して行き、大正一四年、三八歳で東京朝日編集局長となった。これ以後、昭和一八年に主筆制が廃止され副社長に格上げされるまで、実に二〇年近く、朝日の論説の最高責任を担う地位にあったという。

朝日が憲政擁護、普通選挙促進論、政党制擁護、既成政党打破などの論陣を張っている間は、まあ、よかったのだが、これが、変わっていったきっかけは、満州事変であった。昭和七年の満州国建国で朝日の社説は「満蒙三千万民衆の積年の希望を実現した」と祝福したという。ここで朝日は軍と協調していく方針へと転換した。緒方は翌年満州を視察し、社内に東亜問題調査会を設置した。やがて五・一五事件、二・二六事件を経て、昭和一二年七月、朝日の論調の一大転機となる盧溝橋事件が起こった。この直後の社説「挙国一致の支持」において、既成事実の先行という事態をうけて、日中戦争やむを得ずとの立場をとったのである。日中両国が一刻も早く平和的解決を、という主張も述べられていたとのことだが、やがてその声はかき消され、それ以後、日本の軍事勢力は戦線拡張に次ぐ拡張を重ね、朝日もそれに追随して、戦意昂揚の記事の連続となっていった。また、昭和一六年のゾルゲ事件で、尾崎秀実がゾルゲに渡した機密情報の情報源が朝日の政治経済部記者だったということで、朝日の権威が失墜したのも大きかった。

この本では、緒方が朝日を辞め、昭和一九年、小磯国昭内閣の国務大臣兼情報局総裁として入閣し、以後政治家として働いて、終戦直後、東久邇内閣書記官長、公職追放、昭和二七年第四次吉田内閣官房長官、副総理、昭和二九年の保守合同、三〇年の五五年体制に至るまでのいろいろな活動が記され、翌年の急死までの一生が書かれている。

もう一冊、私が緒方について読んだのは『評伝　緒方竹虎　激動の昭和を生きた保守政治家』（三好徹著、岩波書店、一九八八年）である。緒方が朝日新聞の主筆であって、戦前、戦中の朝日の論調の変化を自らどうとらえていたかが問題だと思い、前著ではその点をあまり記述してなかったので、あるいはと思って手にとった。前者の著者は一九五九年生まれの大学人であり、三好氏は一九三八年生まれ、読売新聞記者からやがて作家として直木賞も受賞し、その後多くの著作を書いているので、かなり視点が違うのではないかと思ったのである。

果たして、この書は私の関心を最初からとりあげていた。四ページ以降に、昭和二七年に第四次吉田内閣の官房長官だった緒方が「ラジオ読本」『文藝春秋』内で「一老兵の切なる願い」と題した次の文章が載っている。

緒方竹虎氏

「私は昨今でも時々、新聞が太平洋戦争を防ぎ得なかったかを考えてみることがある。この自問に対する私の自答は、日本の大新聞がある早い時期に軍を中心とする国内情勢を洞察し、本当に決意して破局を防ぐことに努力したら、恐らくは可能であったというのである。……各編集者間の努力の足らなかったことも事実であり、私はこの点について責を感ぜざるを得ない」。

「自由あっての新聞である。自由なき言論は新聞の名に値いしない。……新聞の一廃兵が僭越感なしに次の世代に忠言を呈し得ることは、言論の自由を死守せよということである。……言論の自由は各新聞の共同戦線なしには守れるものではない。少なくとも私の経験はそれを語るのである」。

「若し朝日新聞の戦争責任が問われる日がくれば、九〇パーセント私がその責に当たるべきと考えた。だから、戦後、戦犯になったことも、追放になったことも、朝日新聞の関する限りにおいて少しも悔いはなかった」。

あるいは昭和三〇年に書いた『一軍人の生涯　提督米内光政』（文藝春秋新社）のまえがきでも、

「筆者は今日でも、日本の大新聞が、満州事変直後からでも、筆を揃えて軍の無軌道を警め、その横暴と戦っていたら、太平洋戦争はあるいは防ぎ得たのではないかと考える。それが出来なかったについては、自らをこそ鞭つべく、固より人を責むべきではないが、当時の新聞界に実在した短見な事情が、機宜に「筆を揃える」ことをさせず、徒らに軍ファッショに言論統制を思わしめる誘惑と間隙とを与え、次つぎに先手を打たれたことも、今日訴えどころのない筆者の憾みである」。

このように、緒方は、自らに対しても、厳しい自責の念を持ち続けていたことがわかる。

もともと緒方は、中国相手の実業家になることを夢見ていて東京高商に入ったのだが、福岡県立修猷館高校時代からの友人で早稲田大学に居た中野正剛に奨められて、早稲田大学専門部政経科に編入した。そして卒業して同じく既に二年前から朝日新聞に居た中野に誘われて朝日に入社した。

中野正剛が自決した後の弔辞は緒方が読んでいる。三好氏の本も彼が戦後政治家になって、吉田の後継者と目されながら急逝するまでを記述している。

注二、　社会の動きを熱心に見ている人は、数紙、また、マスコミ人は五大新聞は当然のこととして、それ以外にも、外国のものなど、一生懸命に見る人はたくさんいるようだ。そうしないと、その世界での論戦に対応できないからであろう。

例えば、ここ数年、さまざまの社会事象における解説で有名になっている池上彰氏は、毎日一〇紙を読んでいると述べている。毎日見ているとアプデートすればいいので、家に来る八紙は毎朝二〇分で事足りるという。ウォールト・ストリート・ジャーナル、フィナンシャル・タイムズの日本語版、韓国の中央日報のような外国新聞なども見ているとのこと。テレビのニュースはほとんど見ず、ケーブルテレビのCNN放送を流して見ていることが多いと述べている（『新・戦争論』池上彰・佐藤優著、文春新書、二〇一四年）。

マスコミの寵児となると、職業柄その位の勢いと幅で対処しないといけないということであろう。そのような生活が好きなのであろうが、世の中をひたすら追っかけるというのも、なかなか大変なことだなあ、と思う。

それはそれとして、上記の本は、池上、佐藤両氏の、欧州、中東、朝鮮、中国、アメリカと続く世界情勢に対するその博学ぶりが伺われて非常に面白かった。特に中東での民族、宗教の入り乱れた世界は非常に複雑であるとの思いを強くした。

注三、　新聞は、広告費の収入が三、四割を占めている。この広告費は全国の発行部数にある程度比例していて、その収入を維持するために、売れなくても販売店におろす。これが押し紙と言われ、販売店は売れない物は処分するが（その為の回収業者もいるという）、公称の発行部数の方が営業的に重要だ、ということのようだ。ただ、この問題は、かつて裁判にもなって、新聞社は押し紙はしたことがないと言っていたようだが、実際は契約を切られるかもしれない専売店の弱みがあって、彼等は販売増をひたすら求める会社側の圧力にさらされている。例えば、販売増加をすれば、社として報奨金とか補助金を出すといった褒美の制度もある。また、販売店は折り込み広告チラシの部数で店ごとの利益を稼ぎたいという側面もある。なぜなら、販売店では、新聞の販売手数料による収入が六割で、折り込み広告は四割の収入になっていて大きな収入源であるということだ。折り込み広告代も公称部数に比例した値段である。だから販売店にしたら、公称部数は高い方が好ましい。そんなことで、実際の販売部数より公称部数は二、三割多いというのが、実態らしい。

注四、　武野武治著『たいまつ十六年』（岩波書店、一九六三年）。二〇一六年二月ごろか、たまたまのテレビで一〇一歳になってなお矍鑠（かくしゃく）として講演などをしている武野氏の姿をみた。氏は同年八月に亡くなられた。

注五、　松山幸雄氏の『国際派一代　あるリベラリストの回顧、反省と苦言』（創英社、二〇一三年）を読むと、彼が実に伸び伸びと、諸外国を回り、その状況を把握し、豊かな感覚でことに当たっていたことが書かれている。彼の明るい性格もあるが、日本の新聞記者も終戦直後とは変わり、高度成長で経済環境も伸長し、極度の緊張からもかなり解き放たれて自信を持って行動するようになったことがよくわかる。

注六、再販制度というのは、以下のことをいう。通常の商品の価格は市場の需要と供給の関係で、小売サイドで決定されるが、新聞と書籍雑誌など著作物はその例外が法律的に認められている数少ない商品で、メーカーが価格を決定し、そのうえ特殊指定で、相手による多様な価格および値引き行為は禁止されている。

注七、歴史上は、ワシントン・ポストの若い二人の記者によるウォーターゲート事件、文藝春秋に発表した立花隆の田中金脈事件など、いずれも時の権力者を辞任にまで追い込んだ調査報道が有名であるが、河谷史夫著『持つべき友はみな、本の中で出会った』（言視舎、二〇一六年）によれば、朝日新聞の山本博は「ヤマバク」と呼ばれた調査報道の天才だったという。山本氏は、二〇一三年七月に七〇歳で亡くなったということだが、一九七〇年代から八〇年代に社会部に属し、その時代の社会的事件の多くに関与し、数々の調査報道で各方面の時の権力者の暗部を暴いて、彼等の権力を摘発する記事をものにした。

新聞における調査報道の重要性に関しては、多くの人たちが認識している。例えば、過去に私が読んだ前澤猛著『新聞の病理』（岩波書店、二〇〇〇年）でも指摘されていたし（自著『悠憂の日々』内、

「新聞、ジャーナリズムおよびマスコミ考」）、あるいは本文で触れた谷久光氏の本の中でも、原発事故の後に、朝日新聞の秋山耿太郎社長は、二〇一二年の年頭挨拶の中で原発事故報道の対応不足を反省すると共に、より一層の調査報道強化に取り組みたい、と述べたと言う。またこの本の第二部は「よみがえれ　調査報道」となっていて、山本氏がからんだものを多く含み、数々の過去の実例がでている。実例を列挙すると、いずれも朝日新聞がその先頭を切ったようだが、

一九七九年、鉄建公団の不正経理に端を発した「公費天国―タカリとムダの構図」

一九八一年、建設業界の談合キャンペーン―土工協崩壊、「不正受注を呼ぶ天の声―政治家が左右する公共事業」

一九八一年、沖縄でヤンバルクイナの発見―一〇〇年ぶりの新種の鳥の発見

一九八二年、三越ニセ秘宝事件―岡田社長解任

一九八三年、東京医科歯科大教授選考汚職事件―白い巨塔にメス

一九八八年、リクルート事件　竹下登政権が崩壊

一九九〇年、中曽根元首相側近名義で株取引の記事、元首相から訴えられたが朝日が全面勝訴

いろいろ読んでみると、言葉は簡単だが、調査報道を実のあるものにするには、発表するまでの人知れずの異常な努力と勇気が必要であることがわかる。

人生の喜びと「ミーイズム」

フランスの印象派の代表的画家オーギュスト・ルノワールの作品に有名な「ムーラン・ド・ラ・ギャレット」がある。ムーラン・ド・ラ・ギャレットはパリのモンマルトルにあり、名前の如くギャレット（フランスの小麦による菓子）の小麦の製粉用の風車のあるダンス場の名前であるが、戸外で人々が群がって酒を飲みながらダンスを楽しんでいる風景である。モンマルトルは当時は労働者の町で、描かれている人たちは皆庶民の集いであるそうだ。画面の中央には、着飾った娘を右側の紳士達に紹介でもしているのであろうか。他の人たちに比べてひときわはっきりした輪郭で、浮き立つように色白の顔の女性二人（実はこの絵はそれぞれ実在の人たちをモデルにしていてこの二人は姉妹とのこと）が描かれている。姉の紺色の長いふんわりとしたドレスに飾り立てた帽子、妹のピンクと青の縞模様の衣装、ルノワールはこの二人の美しさを描く為に周囲の人物をぼんやりとしたタッチにしたのではないかとも思われる。ルノワールのほとんどの画が女性の美しさ、魅力を追求したもので、この絵も多くの人の群れにあっても、この二人の女性が主体である。彼の好きな木漏れ日の下での人物像、軽い音楽とダンス、人々のさんざめく楽しそうな様子が優雅さをもって上手に描かれている。

今の日本でもこういう雑踏に近い中での人々の楽しみというのは、戸外での社交ダンスはないけれども、お祭りの踊りとか、どこか公園などでバレーボールとか、フォーク歌手のライブショウとか、若い人たちは楽しんでいるのであろう。

野球、サッカー、人々は試合場にいってここをせんどと応援する。今プロ野球場の入場料がどのくらいなのか知らないが、満員の場合、入場者数四万五〇〇〇人というと、一人平均二〇〇〇〇円としても全部で九〇〇〇万円の金が動いていると考えると吃驚する。しかし、人々は野球、あるいはサッカーの試合を、臨場感そのものを味わいにいって楽しんでいるのである。私はテレビで追うばかりである。

私が常々、見る若い人達との行きずりは、今の歳となっては、自宅のある代々木から所用でもっぱら新宿、渋谷の繁華街を通る時に行き交う人々である。一日の平均乗降客が七六万人で日本一の新宿駅（注一）も大変なものだが、私にとって、「若者の街」と言われる渋谷駅がこれまた、見かけではそれ以上に騒々しい。ハチ公の像のある西口の近くのスクランブル交差点は世界一有名な交差点で、今や多くの外国人が一度は行ってみたい場所なのだそうである。四つの角から信号が変わって、縦、横、斜めにどっと繰り出す人々の数は多い時は一回に何百人になるのだろうか。たぶん八割がたが若い男女である。

ハチ公の像の周りは言うに及ばず、東横デパートの前も、待ち合わせの男女が一杯であり、多くの女性は精一杯のお化粧と服装で人待ち顔で立っていたり、連れの友達と楽しそうにおしゃべりをしている。

私は、ここ一年ばかり毎週二回ゆえあって横浜まで通っていて、渋谷から東横線で行き、帰りはハチ公広場の前のバス停で待っていると、周りグルッと五ヶ所のビルの外面に固定された大画面でひっきりなしに広告の動画が映され、いわゆるタレント達の笑顔や歌声が五秒から二〇秒くらいで次からつぎへと変わり、大声でがなり立てている。広告というのは、まず商品の名前の繰り返しによる頭への刷り込みから始まるわけだから、ひっきりなしでうるさくてとてもたまらない。私は製品にも興味はないし、出て来る若い人たちもほとんど知らない。昼間は画面も目立たないが、夕方から夜になると周りが暗くなりそういう画面のけばけばしさが一層引き立ち、まともに見たりすると目が疲れるので、私は持参の本を読んでバス待ちを過ごす。新宿にも同じような広告はあるのだが、五ヶ所が同時に絶えまなく勝手にがなりたてるような場所は無くずっとましである。こういう広告を見る度に、私は騒音規制が全く行われていないことにあきれてしまう。渋谷区議会はどう考えているのだろう。あの喧噪の雰囲気が盛り場の活発さを体現しているのだから結構だとでも思っているのだろうか。世界の都市でも、こんなにうるさいところはないのではないかと思う。

私は若い時から、このように人々が集まり壮大なパノラマが演じられる代表的なものが夏に全国津々浦々で催される花火大会であると思ってきた。これは人々に喜びを与え確かに凄いが、このような一刻の歓喜にどれだけのお金が使われるのか、ということに何か非常に妙な気分になることが多かった。もっと生活に苦しんでいる貧しい人とか、病気で苦しんでいる人とかに対する援助をする方向で、おカネを使うべきではないかと思ったりした。しかし、こういうことには巨大な商業がからんでそれに生活をかけている人々がいるのだから、ものごとは単純ではない。

そういう祭典の極致が四年毎のオリンピックであろう。今やリオ・デ・ジャネイロのオリンピックを見ても、その開会式、閉会式を飾るさまざまな人々、背景の仕掛けをみても、ものすごい経費が使われただろうと想像する。これが次は東京になるのである。リオが終わってテレビは東京都の小池百合子知事のもと、毎日のように東京オリンピックの今までの準備で問題が起こっていることを報道している。国立競技場の新設、その設計変更からはじまって、エンブレムを巡るデザイン剽窃事件、ボート競技場の選定、築地市場の豊洲への移転にも問題が出てきて、何千億円いや総額ともなると何兆円のお金がからんでいるようだ。このような費用をいかに精査して倹約するかが、当面の知事の仕事になっている。

おびただしい数の利害関係者がからんでいるようなので、なかなか解決は大変そうだが、所詮お祭り騒ぎに対することなので、一過性のことだと考えると、関係者も御苦労なことである。実際に開催するころは、テロ対策でこれもまた膨大な費用がかかるのであろう。私はもともとオリンピックの東京開催には反対意見だったこともあり（注二）、それらの費用がどうなろうと、結果を眺めるだけだから、どうでもいいことだし、さしたる興味はないが、歓楽を求める欲望の発露というものが、人類の大きな本能であるとつくづく実感するのである。

それらは人間にとって生き甲斐とも言えるものなのだろうが、それが、政界、産業界の巨大な利権争いになっているのをみると、なんとも言えない気分になる。明らかに建設業界にとっては、大変な利益追求の場であろうし、都民の税金がこの一時的な約二週間のお祭りに多大につぎ込まれるというのは、なにか割り切れない思いがするのである。

例えば、やや古い時のことだが、二〇〇三年より三年間、国連広報センター所長を務めた野村彰男氏の当時の発言を見ると、「今この瞬間でも世界では八億数千万人が飢えていて、一〇億人がきれいな水を飲めなくて、二〇億人以上の人々が非衛生的な環境に置かれているというような胸ふさがれる現実があるわけです。そして常に数千万人の難民がいて、四〇〇〇万人がエイズにかかっていて、毎年三〇〇万人が死んでいる。そういう状況を我々は真正面から見据えて国連のありようを考えなければいけないのではないかと思うんです」と言っていた（注三）。

寺島実郎氏は、今の政治評論家として、私が好きな人である。一九四七年生まれの団塊の世代で早稲田大学政経学部出身、長年三井物産で世界の各地を巡り、三井物産戦略研究所長などを務め、大学の客員教授などを歴任し、現在は多摩大学学長であり、もっぱら、著作、テレビの座談会で活躍している。多くの出席者が単に感覚的意見を述べて、例えば「心配だ、懸念される」というような表現で無難で何の得るところも無い発言で終始している中で、具体的な数値などをあげて議論することが多く、こちらも新しい知識を得る。彼はじっくりと世の中を観察し、多くの問題に対して、単に理想論を述べるのではなく、イデオロギーに偏せず、よく調査、勉強していて諸外国との関係において現実的な解決法とは何か、と地道に考える。あたりまえのことであるが、その姿勢が非常によいと思う。

彼は、二〇一一年に、関西地区、大阪にアジア太平洋研究所という名で、政府や特定の企業とは関係を持たない中立的な一種のシンクタンクを作り、以来研究所は五年を経過し、関西の大学の政治、経済の学者中心の組織に育っている。また、自らの蔵書、文献約四万冊を寄贈し、東京にこれも「知」のベースキャンプとして、勉強会の場所を作っていて、これは現在一般社団法人「寺島文庫」となっている。私もどんなたたずまいなのかと一度千代田区九段北に出掛けて見たが、図書館と異なりフリの人間が利用するわけにはいかないようだが、戦略経営塾などという名で若い人を集めて教えているようだ。

また、テレビのＢＳ一一で、夜八時台後半から約四〇分間「寺島先見塾」の放送をしていて、これらはネット「寺島文庫」でバックナンバーを含めて見ることができ、国内外の現状を知る上で非常に勉強になる。

彼の本を私も何冊か読んでいるのだが、さる本（注四）に、現代、多くの人は「ミーイズム」に走っているという指摘があった。これは、とくに彼と同世代、周囲の団塊世代を見て居ると、多くの人が定年を迎え、組織から離れて、帰属するものを失ってしまった。皆がバラバラになりさまよっていると感じているという。彼はこれを「アトム化」とも「私生活主義」とも言っている。

実際、この六五歳以上の人々はまもなく人口の三割を占め、有権者を分母にとれば雑に言って四割となり、政治に割合関心を持つから有効投票率で言えばざっと五割となる。こういう人たちになんとか社会に再び「参画」するという契機を作りたいというのが、彼の寺島文庫の目的であるという。

このように、平和な日本で、思う存分、人生の楽しみを謳歌している人々と、後進国などで苦しんでいる人たち、あるいは日本であっても非正規雇用、生活保護世帯の増大など貧富の差がどんどん増えている事実、双方考えると、私達はどう考え、かつ、どうしたらいいのだろう、と考え込んでしまう。

城山三郎氏の『花失せては面白からず　山田教授の生き方・考え方』（角川書店、一九九六年）は、彼の大学時代の恩師である、山田雄三氏との対談集であるが、その中に、—価値多元の世に—と副題のついた節があった。そこの主題は資本主義と社会主義ということなのだが、山田氏が「私は価値多元的に考えている。イデオロギー的に一元的に考えることはしない」という発言に対し、城山氏が「私も賛成です。経済学の議論とは別に、今はとくに価値多元時代であり、また価値多元で生きなくちゃいけない、と。私は人間の社会について、とくに日本人にとっては、百人百様の生き方ができるという、そういう社会が理想だと思うんです。戦争中、私たちが見舞われた運命みたいに、百人一様の生き方しかできないというのは最大の不幸だったわけですから、それとまったく逆の百人百様の生き方、そういうものを、しかし、無秩序にならないで秩序づけていくということがだいじなんで、……」と述べている。

私は、人生楽しむ時は楽しもうという前者を否定的に見るつもりもないし、やはり、人生の喜びはそれはそれで大いに結構だと思う。実際、私自身、最近は多様な楽しみの日常を送っている。だからと言って、それだけに溺れるのも問題である。寺島氏の言うような「ミーイズム」に陥ってはいけない。それは自分だけが良ければよい、周囲がどうなろうと構わない、という生活の仕方であろう。しかし、「ミーイズム」にはなっていないとしても、自分自身が社会の改善に役立つことをしているか、そういう運動に参画しているかと言えば、全くしていない。これは私の体質なのであろう。政治的活動というのは、好きでない。例えば、私の知り合いで「九条の会」に入っている人は何人かいる。素朴に戦争反対の人が多い。しかし、それが社会の前進に役立つものかどうかははなはだ疑問である。そういう人たちは、自分は平和主義者であるという単なる自己満足を追っているとしか思われない。戦争が起こって敵国が攻めてきたら、そういう人たちはどう行動するのだろう。私は憲法九条はどちらかと言えば、改正するべきであると思う。文字通り見れば、どう考えたって九条はおかしいし、永久にアメリカ頼み、アメリカの従属国であり続けるというのもどうかと思う。ただ、どう改正するかは、いろいろな可能性を考えるとそう単純ではない。

また政治的活動に身を投じている知り合いも何人かいる。しかし、学生時代から「全学連」とか「全共闘」を眺めて来た私は、どうも徒党を組んで行動するという気にはなれない。特に組織になると必ず集団を支配しようとする権力争いが起こり、醜い個人欲の世界になる。これは、上記の若い人達だけでなく現在の政治家、企業家も、集団の中の出世争いを始めとする闘争で必死のようだが、そういう世界には若い時から棹さす気にはならなかった。

とりわけ、付和雷同して皆で渡れば怖くない、というのは人間として情けないと思うのだ。周りが全員賛成しても、自分が反対であれば、一人であっても反対意見を述べるというのは、かつて三〇歳代に余儀なく東大原子核研究所の組合委員長になってしまった時、東大の各学部、各研究所の数十人の幹部が集まった、組合の中央集会で、私が行動したのがそうだった。幾つかの文系学部の組合幹部や新聞研究所の代表とか、いかにもプロの組合活動家といった何人かの賛成意見が続いた後で、それが一方的に決まりそうになった時、私はこれではまずいと思い、思いきって立ち上がって反対意見を述べた。そしてその場で私の意見は通り、議論はひっくり返ったのである。その時、私は案外、社会運動をしているように思われる連中もたいしたことはないなと感じた。

しかし、今では、ほとんどの組織から離れ、そういう立場になることもない。寺島氏の言う「参画」とは私にとって何だろうと考えるのである。それは誰も答えを与えてくれるものではなく、自分で考えることであろう。もっとも、彼が私の年齢、七〇歳なかばになった時にも同じことを主張しているかどうかはわからない。

注一、　調べて見ると、二〇一五年、新宿駅に次ぐ二位が池袋駅で五五万人、三位が東京駅で四三万人、次いで横浜駅四一万人、渋谷駅が五位で三三万人である。

注二、　自著『悠憂の日々』（丸善プラネット、二〇一三年）内、「五輪と非正規雇用」

注三、『時代を見つめる目』（寺島実郎著、潮出版社、二〇一三年）より。

注四、『歴史を深く吸い込み、未来を思う 一九〇〇年への旅 アメリカの世紀、アジアの自尊』（新潮社、二〇〇二年）、および注三の著書など。

第三章　いろいろ

三菱電機の人たちとの親交

私が放射線医学総合研究所で会社の方々と現役で働いていた時に常々感じたこと、またその後の事を書いておきたい。私達第三研究室の担当したのは重粒子がん治療装置ＨＩＭＡＣ（Heavy Ion Medical Accelerator In Chiba）の建設で、患者に照射をする治療室でのいろいろな装置を設計、検討をし、会社に製作を依頼することだった。我々の相手は関西に本拠地をおく三菱電機株式会社であった。

毎週一回、彼等五、六人の技術者が関西から上京し、我々も数人の研究所側の研究者として打ち合わせ会議を行う。研究所側は途中から河内清光室長が重粒子研究部長になり、私は室長となって全体のまとめ役として働いた。一方、三菱は建設担当の四社（日立製作所、東芝、住友重機械工業、三菱電機）をまとめる主幹事会社であったので、他の三社との調整役として、彼等の間で太田大明神と呼ばれた太田廣氏があたり、照射系検討会のヘッドは上田和宏部長だった。具体的な設計の中心は若手の坂本豪信氏であり、彼は早稲田大学理工学部の出身で、非常に緻密な頭脳の方で、冷静に粘り強く事に当たる優れたエンジニアであった。

私達は、設計仕様を出し、それに対する応答として三菱側はその仕様に沿った設計を次の週に提出する。それをまた皆で議論しながら検討するというような会議が三年間くらい続いたであろうか。

いよいよ製作が開始されると、製作場は関西であるから、我々は泊まりがけで、彼等の中央研究所のある塚口とか、赤穂の製作所などに行って現場検証をする、ということが何度か繰り返された。

加速器は、基本的にハードであり、すでに技術的に多くのものが確立されていたし、私自身も原子核研究所勤務の時代、加速器部に数年所属していたので、内容はある程度把握できるものであったが、照射系は患者が具体的に関与するので、照射の為の最終的な装置（ワブラー電磁石、中性子シャッター、レンジシフター、リッジフィルター、多葉コリメーター、線量計モニター、治療台、位置決めX線照射装置等々、そしてこれらの制御コントローラー）の設計だけでなく、患者の動線やそれに伴う看護士の作業の考慮や、個々の患者にあったビームコリメーター、ボーラスの製作など、実にさまざまの特異な作業があり、私にとっては初めてのことばかりが多々あって、設計仕様も検討中につぎつぎと変わったりして、それに付随するソフトの面でのプログラムの変更、改良が頻繁で、会社側も実に大変だった。当初の見積もりでは、コントロール用のプログラムは約八万行と想定されたが、最終的にはその十倍の八十万行に及んでしまった。

赤穂で、大石神社の前で
左から３人目太田氏、４人目
河内氏、右から３人目上田氏

ワブラー電磁石を前にして
上田氏と議論する

小亀先生を囲んで
歓談の食事の後で

加速器装置に関係する教育、研究はほとんど国立大学にしかないから、我々もそうだが、三菱側の技術研究者も、国立大学出身者が多く、太田さんは大阪大学で六年上、上田さんは京都大学で三年上といった具合だった。その他でも坂本さんのように一流私立大を出た人ばかりとも言えた。

上田さんは、灘高から京大物理学科を修士課程で出て会社に就職されたようだが、学生時代は、原子核研究所で私も親しくして戴いた京都大学出身の小亀淳先生に習われた事があり、三人で新宿で歓談したことがあった。小亀先生は、「上田君は大学院の入学試験ではトップで入学したのだよ」と言われていたが、そういう秀才のそぶりは一切みせず、時にはとぼけているような感じで、でも押えるところは几帳面にきちっとまとめるといった方であった。高校、大学とノーベル賞受賞者の野依良治氏と同学年で、「あいつは私のポン友（麻雀友達）だったが、あんなに偉くなるとは思ってもいなかった」と言われていたが、私は数年前に上田さんの紹介で、文科省の研究開発戦略センター長（市ヶ谷に居を構えている）の野依氏を訪れた。野依さんは気さくな方で、話し出したらすぐ親しくなり、日本の科学技術に関する問題点をいろいろ話し合った。

木梨峰夫氏は三菱の営業担当で、打ち合わせにときどき出席されたが、これまた大変真面目かつ愉快な方であった。いつも必死になって三菱の技術陣を叱咤激励し、何とか我々研究所員と三菱の技術陣との間を円滑に進めるべく取り持っていた。

彼は、武蔵工大の出身だが、それまでに三菱電機のX線照射治療装置を上司の藤田彪太氏とともに国内外に百数十台、販売した実績を持っていた。私達がしばしば大阪の塚口にある三菱中央研究所に設計検討で行った際も必ず同行し、いろいろ気を使って戴いた。彼の父上は、九州大学の農学部から宮内庁林野局に勤め、あちらこちらを転勤して、伊豆の河津営林署長の時木梨さんが生れ、近くに峯温泉があって峰夫と名づけられた、という。以上は、木梨さんから戴いた九大教授であった父上の書『残りの者賛歌』（木梨謙吉著、光村印刷、二〇〇〇年）に書かれている。技術陣トップの上田さんとは絶妙のコンビであった。

また、上田さんはやがて神戸から千葉に単身赴任で住まわれたので、しょっちゅう飲みながら親しく話をする間柄となった。

お二人は、単に技術者であるだけでなく、スポーツマンでもある。サウスポーの上田さんとはテニスのダブルスで時々ではあるが放医研のコートで試合をしたこともあるし、木梨さんは、若い頃から自分の艇を持つほどのヨットボーイである。また、二人とも非常なる教養人でもあった。

ホテルオークラでの
日経 BP 賞受賞の会で

フェリーの上で木梨さんと

研究会のパーティーで

木梨さんは、ユーモア満点の方で、「私は大和時代の允恭（いんぎょう）天皇（一九代）の息子、木梨軽皇子（きなしのかるのみこ）の子孫です。木梨軽皇子は衣通姫（そとおりひめ）と呼ばれた美しい妹と密通したことで、伊予に流され、心中したのです。妹は肌の美しさが衣服を通して輝いたからそう呼ばれていた。いわばストリップ嬢のようなもんだったですな」などといって皆を笑わせていた。私は木梨軽皇子の名前がいかにも木梨さんの軽い明るさを象徴しているようでおかしかった。後に私はある本で（注一）、木梨軽皇子の辞世の歌、「天（あま）飛ぶ鳥も使いぞ　鶴が音（たずがね）の　聞こえん時は　我が名問わさね」という歌を知った。木梨さんも話す時にこの歌を言われていたと思う。

また木梨さんは、後述するように、加速器エンジニアリングに移ってからは、放医研の私が会長をしていた温泉同好会に参加され、草津とか塩原に同道された。

塩原温泉の釣り堀で魚を釣り上げて嬉しそうな木梨さん

釣り堀のそばで、釣り上げた魚を料理してもらい食事と酒を楽しむ

上田さんから、世田谷の旧岩崎邸の静嘉堂文庫美術館に行くとよいと言われたことがあり、私は後年、そこを訪れたりした。大阪での打ち合わせのあと、木梨さんには、法善寺横丁の水かけ地蔵、その他関

西に詳しくない私をあちらこちらに連れていってくれたし、銀座で三菱の連中と夜飲んで一一時ごろに帰る時は、私は京成大久保駅、木梨さんは海神駅でともに京成電鉄沿線に住んでいたので、同方向で一緒にタクシーで帰ったのだが、途中、彼は本所松坂町でタクシーを待たせて、吉良邸の上野介の「血洗いの井戸」に真夜中の暗闇の中で連れて行ってくれた。彼は歴史や美術に非常な興味があって、日本には十一面観音像はたくさんあって（注二）、その重要なものはほとんど見て歩いたとか、奈良に行くなら、当麻寺に必ず行きなさいと勧めてくれたりした。また目黒の旧朝香宮邸の東京都庭園美術館のアール・ヌーヴォーの展示品、エミール・ガレ、ルネ・ラリックのことも、彼から教わった。

我々のＨＩＭＡＣ建設で、一九九四年、平尾先生が代表として日経ＢＰ賞（注三）を受賞された時も、木梨さんはかけつけてくれた。木梨さんは背が高いから写真ではいつも最後列であった。

一九九九年、三浦半島で行われた研究会の時は、私は研究部長であって座長役であったが、木梨さんが自家用の大きなクルーザー車で、私の家に立ち寄り、快晴の空の下、房総半島の真っ白な東京湾観音にも寄り、浜金谷からフェリーに乗って真っ青な東京湾を眺めながら、久里浜に着き、湘南国際村近くの会場まで、乗せて行ってくれた楽しい思い出もある。

彼等は打ち合わせでは、研究所側の人間をいつも年令に関係なく「先生」と呼んでいた。実際、私達は発注者側であり、いわば我々の発案、希望に沿って仕事が進められたから、受注者である会社側には指示を与えることが多く、自然そうなったのであろう。十歳近く若い所の後輩にも、ともかく会社の人は「先生、先生」といういい方をした。しかし、私は、そういう応対には、内心、随分抵抗を感じていた。それは尊称ではなく、立場上、あるいは営業上そう言っているに過ぎないと解ってはいたが、私は、そこに何か、官と民の差別感をも感じた。

三菱以外の他の三社との入射器やシンクロトロンなどの加速器系の打ち合わせが隣りの部屋から聞こえて来ることがあり、時々、大声で所員が机を叩いて激怒する声を聞いたし、原子核研究所の出身者が、「あいつらは本当によくわかっていない」と言うのを耳にした。我々照射系の部員は、私以外はもともと放医研に居た温厚な人ばかりで、そういうことは全くなかったが、原子核研究所の物理系の荒っぽい雰囲気の中で育った連中は必死のあまり居丈高に会社に対していた者もいたようだった。私は具体的には解らないから、何も言わなかったが、「あれはよくないなあ。人間として非常に恥ずかしい振る舞いだ」と思っていた。

確かに、長年加速器の研究ばかりをしてきたのだから、研究所員のほうが知識は豊富で、専門家として一日の長があるのはあたりまえである。だからといって会社側に威張り散らすのは、ことが違う。私は、大学や国立の研究所で育った人間は、一般に対人関係での修業が足りないと思った。自分の研究さえしてればよい身分だから、人に頭を下げるような立場にはあまり立ったことがない。これに対し、世の中で、例えば商業に従事する人は、絶えず仕事の必要上、他人に頭を下げ、お願いをするというのは日常のことである。どんなにつらくても製品を売るためには、下手にでて、というようなことはいくらでもあるだろう。それに比べると、学者、研究者業は、仲間内では別だが、殿さま然としていてよい、いわば昔ながらの士農工商の、侍然としていられるのだから幸せとも言えるが、逆に人間としては、甚だ未成熟のままである人が多いのである。

ある時に上田さんと飲みながら、二人でそんな話題を話している時に、彼はしみじみとした口調で「やっぱり、官は強いですよ」と話された。それは私も判っていたが、それだからこそ、官は常に謙虚な気持ちで民に対さなければならない、それは立場の違いでしかない、人間としての価値の差ではまったくない、と心の中で強く思った。人間としては、対等であるのに、官側には謙虚さが足りないと、しばしば思った。

私が初めてカラオケで歌ったのは、塚口の打ち合わせが終わって食事後、尼崎のクラブでの、上田、木梨御両人を含めた三菱の人たちと、研究所所員の数人との合同の集いであった。

それ以来東京、千葉などでもカラオケによくつれていってくれたのだが、二人には随分、私の知らない歌を教えてもらった。上田さんからは、「愛燦燦」も聞き「ふたりの大阪」を始め大阪の歌を沢山聞いたし、海男である木梨さんの大好きな歌は、加山雄三の「海　その愛」であった。ヨットのレースにも随分出たらしく、いつも日に焼けた顔をしていた。また「わたしたちどうするの」などをコミカルなちょっと色っぽい変え歌で笑いながら歌うなど、ホステスに、「木梨さんはやさしいの」と大人気であった。

上田さんは一九九三年、私の父の葬儀の時、わざわざわが家に来て戴いて葬儀に参列して下さった。

ＨＩＭＡＣの治療が一九九四年に始まり、やがて上田さんは新たに作られたＨＩＭＡＣの運転を担当する加速器エンジニアリング株式会社の事業部長として活躍し、二〇〇二年退職されて神戸に戻る時には、私が所員に呼びかけて七人ほど集まり送別会を研究所からやや離れたなじみの「八十八寿司」で開きそのあと、カラオケに行って皆で愉快に過ごした。

２００２年１１月
「八十八寿司」での上田氏送別会

２００６年１０月
神戸埠頭近くで

２００８年２月
木梨氏社長就任祝賀会

私も退職後三年間研究所にいて医用原子力財団に移ったのだが、二〇〇六年、財団主催の講演会が高松であった時は翌日、バスで淡路島を通り、神戸三の宮で、上田さんと会った。上田さんは阪神淡路大震災の傷跡の残る神戸埠頭や、あちらこちらを奥様も一部同道されて案内して下さった。

また、木梨さんも、三菱退職後、同じく加速器エンジニアリング株式会社に入り上田さんの後を襲い、二〇〇八年、退職されてアメリカに本社のある放射線治療装置の販売会社の日本支社長となったときに、私は祝賀会を設けた。この会社は、その後はうまくいかなかったが、ともかく私は彼等のＨＩＭＡＣにおける長年の功績と友情にささやかながらも報いたかった。

その後も、私は大阪大学主催の放射線治療の普及講演会が中之島で開かれた時は、上田さんに知らせて会い、講演会の後、食事で軽くビールを飲んだあと、彼にいろいろな所に連れて行ってもらった。中之島にある由緒ある中之島公会堂や、東洋陶磁美術館などである。二〇一〇年の名古屋での講演会の時は、大阪まで出向き、宝塚に住んでいる太田さんも一緒で、三人で大阪城に行ったりもした。

その後、私は親しくなった岡山理科大応用物理学科教授の依頼で、二〇一二年、二〇一四年、二〇一六年と三回ほど学生に講義を行ったのであるが、二回目、三回目の時は、その翌日、事前に連絡して神戸や大阪で上田さんと会った。この時も太田さんが一緒だった。新神戸のハーブ園を案内してくれたりした。夕方はいつも三の宮で飲みながら三人で楽しく食事をした。

また二〇一六年には、上田さんに明石大橋の袂にある孫文記念館に連れて行ってもらい、その後、三菱のなじみの人を五人集めてくれて三の宮で食事をした。太田さんや坂本さんも一緒だった。太田さんは「私はとうとう八〇歳になりました」と言われていたが、明日はさる会社に頼まれて岡山大学に学生をリクルートしに行かなければならないと、非常に元気でおられた。坂本さんは三菱退職後は大阪物流大学の教授として教えておられたが、そこを退職されたと伺った。上田さんは社交ダンスクラブの会長としてもう一〇年以上続けられているであろうか。皆さん元気でおられて、私は無上に嬉しかった。会社の方たちと、今も友達付き合いをして戴いて、私はこの上もない幸福感を感じている。

たぶん、建設時代から既に二〇年過ぎて、今も当時の会社の方と、親しくつきあっているのは、私だけかもしれない。私は、会社の方々が、おしなべて大学人や学会の人たちよりも苦労をこえて人格的に立派な人が多いのに惹かれている。これからも三菱電機の友人の方々と、元気で親交を重ねたいと思っている。

注一、　赤瀬川原平監修『辞世のことば』（講談社、一九九二年）

注二、　国宝は、法隆寺、室生寺、六波羅蜜寺、観音寺、道明寺など八ヶ所のようである。

注三、　日本経済新聞社の関連会社で日経ビジネス・パブリケーション社が出している賞。社会的貢献の大きい事業に対して贈られている。

２０１０年７月
大阪城を背景に

２０１４年５月
新神戸のハーブ園で

２０１６年　左より坂本氏、原口氏、上田氏、武石氏、私、太田廣氏、太田完治氏

神道夢想流杖道の道場主、松村重紘館長

二〇一五年秋、私は戦国時代、夢想権之助によって始められた神道夢想流杖道の紘武館道場の主である松村重紘氏から、道場開館四〇周年の記念行事を代々木の国立オリンピック記念青少年総合センターで催すので、是非来て下さいとの招請を受けた。彼の道場は私の家から一〇分もかからない代々木駅のすぐ近くにあったが、こちらも結構精神的に忙しい生活を送っていたので、彼とは随分長いこと会っていなかった。

私は中学から大学まで約一〇年間、渋谷警察署内で毎日曜日行われていた神道夢想流杖道の稽古に通っていた。道場では神道夢想流二五代師範であり警視庁の師範でもあった清水隆次先生が弟子である我々民間人、毎回一〇人くらいを相手に、直接に指導して下さる密度の濃いものであった。会社に勤めている人や、慶應大学、明治大学などの学生も居た。松村氏は私より一歳年下で彼が戸山高校に在学していた頃、私より三年くらい後に入って来てその後早稲田大学文学部社会学科に進んで熱心に稽古を続けていた。その頃、彼は築地の市場で早朝アルバイトをしていた。早稲田大学に入ったので、学業が優秀な筈なのに、肉体的アルバイトをしているのにやや吃驚した。まあ、文学部だったからそんなに多くの授業に出る必要がなかったのであろう。彼は紅顔の美青年であったが、当時の私から見れば、その練習の様子はバタバタとした感じで、身体にバネがあるのは見えていたが、長く続くのかなと思った。多くの若者が入って来たが、途中でやめてしまう人が多かったからである。

毎年、各流武道大会が催され、一九五八年（昭和三三年）は第四回で渋谷区公会堂、その後は日比谷

公会堂で行われ、私も高校生で二段の時からその大会に毎年出ていた。清水先生は六〇歳代で正に円熟されたお姿であった。

私は大学院に進んだ時に研究が忙しくなって二二歳で五段の段階で杖道は止めた。また、一年経って二三歳の時に家出をして勘当され二五歳で結婚したため、長らく実家には行かなかったので、彼がその後どうなったのか、よく知らなかった。ただ、彼はずっと杖道を続け、本格的に武道家の道を歩み、自ら道場を開いてプロの道を歩んでいるということは聞いていた。

日比谷公会堂での各流武道大会における清水先生（左）

明治神宮正月奉納演武における清水先生（右）

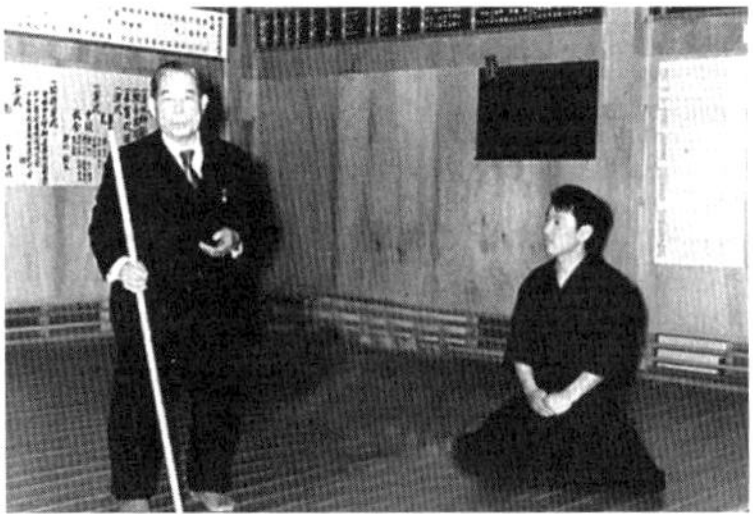

道場における清水先生と松村氏

そんな彼に久しぶりで出会ったのは、私がアメリカに三年間客員研究員で滞在して帰国して一ヶ月半後に私の母が亡くなった一九八一年で、私の母の通夜の晩であった。考えて見ると一五年ぶりであった。彼の母上も葬式の手伝いに来て戴いていた。

その後も私は研究一路で二年後にフランスに再度研究員として滞在したのだが、一九八三年の秋に彼から連絡があり、フランスに杖道講習のために行きパリで演武会を催すので、是非来て欲しいしお会いしたいという手紙をもらった。私はパリ郊外に住んでいたのだが、数年ぶりの懐かしさで家族を連れてその会に出かけた。行ってみると、広い板敷の道場でフランス人の見物人がたくさん来ており、日本人の代表の人たちの演武、そしてフランス人たちの杖道の演武が行われた。そして、最後の方で、指導者である松村氏の演武が行われたのであるが、その堂々たる姿に私は吃驚した。これがあの松村君か、かって私が見知っていた彼とは打って変わった立派な重厚な立ち会いであった。

この時、紘武館道場を開いてから、もう八年経っていたことになるのだが、彼が外国人を相手にして、武道の展開に海外に出張しての活動までしているのに、私は大変感心したものであった。彼としばし旧交を温め、またすぐ彼は他の場所へ発っていった。

創建時の紘武館

乙藤先生と松村氏

それから、私が帰国後、一九八五年五月に道場の一〇周年記念の演武会が行われ、私は出席できなかったのだが、その記念特集号に寄稿を頼まれたので、その時に以下の短文を書いた。

紘武館長である松村氏が、我々の後輩として清水先生の道場に登場したのは、もう二〇年以上前、彼が戸山高校の学生として、若いエネルギーを持て余している頃のことであった。当時、渋谷に通って毎週気迫のこもった練習にあけくれていた先輩、同僚の間で、彼の今日を想像した人は全く無かったのではないか。弾力のある身体はひときわ目立ったのだが、それだけにバタバタとした感じで、足が地につき難い様に思われた。しかしプロの杖道家となっている今日を見れば、彼の武道にかける情熱は、若い時から人一倍であったのだ。一昨年私はフランスで研究生活を送っていた所、彼から直接手紙が来て、パリでフランス人相手の杖道講習会を開くという。当日道場一杯に拡がったフランス人を相手に指導する彼を見た私は、十数年ぶりで見る彼の雄姿に我が目を疑った。そこには昔と一変して、自信に満ちた堂々たる武道家の姿があった。今後とも持ち前の明るさで、大いに頑張って欲しいと願っている。

東京大学原子核研究所　曽我文宣

彼のそれまでの体験を聞いて見ると、清水先生の長らくの直弟子であったのだが、一九七八年に清水先生が八二歳で逝去された後は、福岡の神道夢想流道場（神道夢想流は江戸時代、黒田藩の秘術であった。大宰府には夢想権之助が修行し、杖術を生むに至った宝満山があり、麓には彼を祭る夢想権之助神社がある）での指導者である乙藤（おとふじ）市蔵先生に、先生が上京する際には必ず指導を仰いでいたという。乙藤先生は二四代師範白石範次郎氏のもとで清水先生とともに修業されていた方である。

このように、彼はその後も修行を続け、居合道、合気道も高段者となり、その内フランス人その他の外国人も弟子となり、彼らが帰国して道場を開いていったので、松村氏も何回も弟子を伴ってヨーロッパにもアメリカにも講習に出張したようである。彼は杖道では範士八段である。

松村館長の雄姿

記念演武会のパンフレット表紙

話を四〇周年記念行事に戻すと、その日、九月二〇日は秋晴れの快晴であった。青少年総合センターの一つの建物の中で、私が一般の椅子に腰かけていると、司会者の若杉氏（松村氏の早稲田大学時代からの友人で、神道夢想流でも高段者）が演武者の紹介をしながら進行を進めていった。彼らは皆外国人を含め、既に数日前から毎日この日の為に練習を続けていた演武者であって、何組もの演武が行われた。最初が水鷗流薙刀、続いて神道流剣術、また、清水先生が昔演武されていた内田流短杖術、一心流鎖鎌術とか、一角流十手術が行われ、私は懐かしい思いがした。続いて、松村君の紘武館で練習を行っている合気道もあった。女性も何人か演武者の中にいた。そして神道夢想流杖道の演武者には多くの外国人が含まれていた。フランス人、アメリカ人、ロシア人、その中には本当に上手な女性も居た。日本人も、長野県、大分県、栃木県、静岡県など、かつて紘武館で研鑽を積み各地方に戻って道場を開いたりしている指導者がいるようだった。そして終り近くになると、神道夢想流の六段、七段の高段者達による演武、そして松村館長も演武者となって最後の方に見事な演武を行った。この間、約二時間余りであったであろうか。

終わって、数十分後に会場を変えて、懇親会が持たれた。一二〇～一三〇人の人たちがいたであろうか。そして、私は冒頭、指名されて、最初の来賓祝辞を行った。何しろこの来場者の中で、一番古くから館長を知っている人ということであったらしい。私は彼の若い時の印象、フランスで会った時の変貌を遂げた時の印象、そして、この日の多くの弟子の参加を見た指導者としての立派な姿、四〇周年の記念に至ったことに祝意を表するスピーチをした。

懇親会での私のスピーチ
右のテーブル最前列に松村
氏が神妙な顔を見せている

その後、故乙藤先生の夫人とか、何人かのスピーチが行われ、そのあと乾杯の音頭、そして料理を食べながらの懇親の時が持たれた。私は何人かのフランス人と話をした。その内の一人、指導者であるジャン・ピエール・レニエ氏と話をすると、彼は松村君がパリで演武講習をした時に居たらしい。彼は今パリで道場を開いてもう随分経っていると言っていた。名刺を交換したが、彼は剣道、杖道、居合道の師範で尚武館道場長として、パリで活躍していて、今回は八人の門弟を連れて来たという。

フランス人で一番上手だと見えた女性はコリーヌ・マリーという人だった。彼女はマルセーユで道場を持っていて指導者として神道夢想流を教えていて、普段はマルセーユ大学で医学関係、ＭＲＩ(Magnetic Resonannce Imaging：核磁気共鳴撮像装置)の仕事をしているとのことで、非常に知的な雰囲気の女性であった。

その後、アトラクションがあった。こういう人たちは、多様な趣味を持っている人たちが多い。芸達者な人たちで、プロはだしの女性が歌を歌ったり、時代劇を演じたり、大道芸を演じたりした。そして、最後の方で、紘武館四天王という人たちが四人壇上に昇って挨拶をした。いずれも、若づくりの松村氏に比べると年取った貫禄のある人たちだったが、松村氏よりも年齢は若いそうで、いずれも教士七段といった人たちであった。紘武館は勿論だが、長野県、大分県など日本各地で道場を持って活躍しているとのことであった。この後、紘武館で二次会が夕方から行われるとの話があって、散会となった。

道場での二次会　右上が松村館長、その隣が私

私は一旦自宅に帰り、酔いを醒ましてから、そこへ出掛けてみた。道場の稽古場の大広間で、長机を持ち出して、一〇〇人くらいの人たちが集まって、新たに料理も盛り沢山で、ビール、酒、焼酎で楽しそうに談論風発、実に楽しそうであった。外国人はほとんど来ていた。私はあらためて、松村氏が国際的な活躍をしていて、多くの弟子たち、日本のみならず、幾多の外国人を含めて大きな人脈を築いていることに、大きな感銘を受けた。

その数週間後、私は、彼を誘い、代々木の飲み屋で、ゆっくりと今迄の彼の活動についての苦労話、また楽しい経験、現在の神道夢想流の人々の現状を聞いた。私が習った先生は全て亡くなられているが、ここまでの展開は彼にとっても予想外であったという。

私は、今後とも松村君の館長としての活躍を、刮目してゆきたいと思っている。

第四章　わが青春の音楽

ベートーヴェン

私は、若い時から西欧のクラシック音楽では、平凡だがやはり、ベートーヴェンが一番好きである。それは彼の音楽ばかりでない。彼の人生に打たれるのである。今でも時々、CDをかけて聴いている。交響曲五番「運命」、六番「田園」、七番、九番「合唱付き」、あるいはピアノ協奏曲「皇帝」、ピアノ・ソナタ「熱情」、それらはそれぞれのドラマチックな特徴を持つ傑作と思うが、特にバイオリン協奏曲、チェロ・ソナタ三番、ピアノ・ソナタ「月光」、バイオリン・ソナタ「春」、これらはそれぞれ息をのむほどに美しい。

あの頃は、堀内敬三監修の『名曲の案内　上・中・下』(音楽之友社、音楽新書、一九五六年)を読み、一生懸命知識を習得しながら聴いたものだった。この本は、上が交響曲、中が協奏曲とソナタ、下が歌曲およびオペラの解説がしてあり、執筆者はそれぞれ二〇人近くの専門家が分担して書いている。堀内氏はラジオで毎週日曜日の「音楽の泉」の解説者として有名だった。今でも大切に書棚においてある。

あまりお金もなかったから、その代表的名演奏のLPのレコードを音楽雑誌などを読みながら慎重に選択をして、一枚一枚ポツポツと購入した。ブルーノ・ワルター指揮の「第三」、カール・ベーム指揮の「第五」、フルトベングラー指揮の「第九」交響曲、ダビッド・オイストラッフの「バイオリン協奏曲」という具合である。再生機器も、ラックスのアンプ、トリオのチューナーなどを秋葉原に買いに行ったりしたが、いまではレコード・プレーヤーも無くなり、随分集めたレコードも他人にあげてしまい、未だに当時のもので使っているのはCDプレーヤーに接続した、三菱の高音から低音までよく響く一対の左右のダイアトーン・スピーカーだけである。

ルードヴィッヒ・ヴァン・ベートーヴェン、彼に関しての読書で思い出深いのは、ロマン・ローランの書『ベートーヴェンの生涯』(片山敏彦訳、岩波文庫、一九三八年初版、一九六五年改版)である。私は、高校三年の一二月に購入し、それは短時間ですぐ読み終わり、続いて購入したゲーテの長編『ファウスト　第一部、第二部』(相良守峯訳、岩波文庫、一九五八年)を、大学受験をあと二ヶ月後に控えて、読み終わった。後者は冬空の快晴の日、付近の明治神宮の森の中で、ひたすら読んだ。なんでそんな時に読んだのか、たぶん受験勉強に没頭することに疑問ややりきれなさを感じて、なにか支えになりそうな精神を求めていたのだと思う。『ファウスト』は創作劇だから当然であるが、その中にいくつかの記憶に残るセリフはあるものの、全体は絵空事に思え、特に感心もしなかったが、『ベートーヴェンの生涯』には本当に感激した。

一九〇二年、ロマン・ローランはその頃、苦しい生活の中で、パリからボンにあるベートーヴェンの生家を訪れ、一〇日間、彼の親友たちとも交流し、新たな勇気を得て、帰途についた。そしてその直後から長編『ジャン・クリストフ』を、約九年間かけて創作し、全一〇巻に亘り雑誌に発表したのである。

よく知られているように、この小説の主人公ジャン・クリストフはベートーヴェンをモデルにしたと言われている。ロマン・ローランは後にこの作品でノーベル文学賞を受賞した。

私は中学時代に『ジャン・クリストフ』（豊島与志雄訳、新潮社、一九二一年）を読んだのだが、それはたぶん読むのが早すぎたのか、文のリズムになにか非常な違和感を感じ、読み進むのに結構苦労し、あまり強い印象は受けなかったし、作品がよいとも思わなかった。一方、親友の馬場昭男君は非常に感激したと言っていたから、それは人によるのだろう。しかし、私にとっては『ベートーヴェンの生涯』は、本当に衝撃的であった。この本は、『ジャン・クリストフ』を書き始めたのとほぼ同時の一九〇二年に書かれている。

何といってもその序文が素晴らしい。私が読んだ文章でこれ以上の文章はない、と思うくらいである。これは訳者である片山敏彦氏の功績でもある。

「空気は我らの周りに重い。旧い西欧は、毒された重苦しい雰囲気の中で痲痺する。偉大さの無い物質主義が人々の考えにのしかかり、諸政府と諸個人との行為を束縛する。世界が、その分別臭くてさもしい利己主義に浸って窒息して死にかかっている。世界の息がつまる。――もう一度窓を開けよう。広い大気を流れ込ませよう。英雄たちの息吹を吸おうではないか。

生活は厳しい。魂の凡庸さに自己を委ねない人々にとっては、生活は日ごとの苦闘である。そしてきわめてしばしばそれは、偉大さも幸福も無く孤独と沈黙との中に戦われている憂欝なたたかいである。……ここにわれわれが物語ろうと試みる人々（注一）の生涯は、ほとんど常に永い受苦の歴史であった。悲劇的な運命が彼らの魂を、肉体的なまた精神的な苦痛、病気や不幸やの鉄床（かなとこ）の上で鍛えようと望んだにもせよ、……とにかく彼らは試練を日ごとのパンとして食ったのである。そして彼らが力強さによって偉大だったとすれば、それは彼らが不幸を通じて偉大だったからである。だから不幸な人々よ、あまりに嘆くな。人類の最良の人々は不幸な人々と共にいるのだから。………

この雄々しい軍団の先頭に先づ第一に、強い純粋なベートーヴェンを置かう」

以下に、この本によるベートーヴェンの生涯をできるだけ簡潔に要約してみよう。

彼の生涯は苦闘に満ちている。彼は、一七七〇年ボン市（東西ドイツ時代、かつて西ドイツの首都であった）の貧しい家庭に生れた。父はいつも酔っ払っているテノール歌手で、ベートーヴェンの音楽の才能を食い物にしようとするような男だったし、母は召使い階級の婦人だった。一一歳で劇場のオーケストラの一員となったのだが、母は彼が一七歳の時亡くなり、彼は二人の弟の面倒も見る一家の主となった。フランス革命が起こった三年後、二二歳で音楽の都ウィーンに移り以後終生そこで過ごした。その頃から既に彼は聴覚に異常を覚えて苦しみ始めている。医師と牧師だけに自分が音が聞こえないと打ち明けた苦しみの手紙が残っている。

その間にも彼は交響曲を作曲し始め、やがて一八〇一年にピアノ・ソナタ「月光」を作り、彼の恋愛感情の相手ジュリエッタ・ギッチアルディーに捧げた。彼には清教徒的な女性に対する情熱があって、常に敬虔な気持ちで女性に対した。しかし、この女性は伯爵と結婚してしまい、彼は「ハイリゲンシュタットの遺書」を弟に書いた。ロマン・ローランによると、彼の生涯中、彼がまさに絶望で破滅しそうに見えた唯一の瞬間であったという。

この時期に書かれた「クロイツェル・ソナタ」などが、この愛情と苦悩を示しているが、やがて「第二交響曲」で彼の決然とした意志力が示されているという。「第五交響曲　運命」は最初終曲の章が作られ、一旦、それは中断された。ここには、戦闘的な叙事詩の反映が見られるが、一八〇六年、彼は少女時代からピアノを教えていたテレーゼ・フォン・ブルンズヴィックと婚約した。彼にとって幸せな時間が、その「第四交響曲」に溢れているし、ピアノ・ソナタ「熱情」もこの時期である。この後が、創作における彼の絶頂期で、「第六交響曲　田園」を全く対極的な第五交響曲と並行して完成した。しかし、理由は判然とせず、書かれてもいないが、この婚約は破談となった。再び彼は絶望の淵に立たされ、多くの手記が残されている（彼は終生テレーゼを愛し続けたし、テレーゼもそうだったとの話である）。

テレーゼ・フォン・ブルンズヴィック

しかし、社交界では名声が確立し、彼は自信満々にふるまった様子が書かれ、一八一二年のゲーテとの出会いでもかなり大胆な言葉を取り交わしたようである。一方やがてウィーンでは、イタリアのロッシーニが流行し、彼は聾病が進行し、一八一六年には筆談で語らざるを得なくなっていた。また、結核で亡くなった弟の息子、甥のカルルの後見役となった為にベートーヴェンは死ぬまで彼に苦労することになった。カルルは賭博に入り浸って借金をしたり、ピストルで自殺未遂を起こすような男だったのだ。

このような悲しみの淵で彼は歓喜への頌歌を創ろうと長い間考えていた。第九交響曲の初演は一八二四年である。ウィーンで「荘厳ミサ曲」と同時に演奏され、これは圧倒的な歓呼の声で迎えられたという。ベートーヴェンがステージに現れると、彼は喝采の一斉射撃を、通常は三度なのだけれど五度まで受けた。多数の聴衆が泣き出していた。ベートーヴェンは演奏会のあとで、感動で気絶した。人々が彼を家まで運んでいった、という。彼が亡くなったのはその三年後であった。

ロマン・ローランは最後に、ベートーヴェンが残したという彼の人生を端的に表した言葉 Durch Leiden Freude「悩みをつき抜けて歓喜に到れ」をもって文章を終えている。ローランの文章は、雄渾な筆致で書かれ、感激と落胆を繰り返すベートーヴェンの生涯を劇的に描いていて、感動的だが、ここでは、それらの表現を敢えてできるだけ抑えてまとめて見た。

中学校の頃、親友、馬場昭男君と、NHK希望音楽会に何度か出掛けた。これは葉書で申し込むと、いつになるか分からないのだが順番がくると無料で入場券が配達されてくるのである。

そしてある時、当時のNHKホールでNHK交響楽団によるベートーヴェンの第七交響曲を初めて聴いた。これがクラシックの交響曲の生演奏を鑑賞した私の初めての経験であったかと思う。出だしからややおいて始まる熱狂的な音楽を、緊張して聴いたのが忘れがたい。特にこの第三楽章が、その緩急自在の展開の中で、人間のありったけの熱情を叩きこんだようで、素晴らしかった。

また、レコードを購入したり、NHK・FM放送でのクラシック音楽を一六インチのロングテープでやたらに録音していた頃、ベートーヴェンの第五と第九交響曲のスコアを買って聴きながらそれを追って見たこともあった。さまざまの楽器の音符が並行して書かれていることに驚嘆した。第五が一三六ページ、第九が二九六ページで、このオタマジャクシをすべて一人の男が書いたということに、仰天したことなどが懐かしく思い出される。それらは記念碑として今も保管している。

第五番　最初の演奏部分

第九番　第四楽章の一部

私は、一九八三年からフランスのパリ郊外にあるサクレー研究所に、研究員として二年間滞在した。最初の夏休みに、家族六人で、スイス、オーストリア、ドイツ、ベルギーなどの観光地を巡る約二週間の自動車旅行をした。ザルツブルグのモーツァルトの生家などを訪ね、ウィーンまで行き、帰りにフランクフルトのゲーテハウスなども訪ねたのであるが、ボンのベートーヴェンの生家をも訪れた。親だけが、興味の赴くままに家の内部、記念物などを見学したのだが、四人の子供たちはまだ小さく、彼等はどこに来たのかもわからず、生家の庭で遊んでいる写真が残っている。

ベートーヴェンの生家の庭で何もわからないで遊ぶ子供達

井上氏とベートーヴェン・ガングにある胸像の前で

また、一九九九年三月に、放射線医学総合研究所（放医研）で物理工学部長として勤務していた時に、科学技術庁の要請で、本庁の役人一人と、傘下の三つの研究所、放医研、原研、理研のそれぞれ物理工学研究者三人、事務官一人と計五人で、ヨーロッパの加速器施設を、一週間で何ヶ所も早回りしたことがあった。イギリスのラザフォード・アプルトン研究所、スイスのジュネーブのＣＥＲＮ、ヴィリゲン近郊のＰＳＩ研究所、ドイツのダルムシュタット研究所をそれぞれ回り、そして最後に二日間、ウィーンにある国際原子力機関ＩＡＥＡを訪れた。ここには、放医研から、所員の井上義和氏が、数年間派遣されて滞在していたので、空いた時間に私は彼の案内で、ウィーン郊外を散策した。彼は、ベートーヴェンがよく散策したというベートーヴェン・ガング（ベートーヴェンの散歩道）に連れて行ってくれた。

葡萄の畑がところどころにあり、遠くに森も見えた。こういうところで、ベートーヴェンは「田園」などを発想し、作曲したのかなあ、と勝手に思いながら、感慨深かった。

放医研の病院のクリスマス慰問で女声合唱団と一緒に歌った時の記念撮影、左から４番目が私、右端男性は指揮者

二〇〇〇年には、千葉市の三年に一度開催される歳末のベートーヴェンの第九交響曲の合唱団に参加した。その約一年前に私が病院での放医研合唱団による患者さん相手のクリスマスの公演で「きよしこの夜」を合唱団が英語と日本語で歌うと聞いたので、その前に、飛び入りで参加してそれをドイツ語とフランス語で独唱して好評だったのを、合唱団の幹部である湯川雅枝さんが評価したのか、「曽我さん、第九を歌わない」と言われて、いいかげんな返事をしていたら、「もう、申し込んだわよ」と言われたものだった。彼女はソプラノだが、他の何人かの合唱団の女性も誘っていて、私は参加登録が遅く八月頃だったのだが、一二月までに、毎週一回三時間の練習で、ある程度の回数必要というのをなんとかクリアして、本番に出場できた。ドイツ語は高校で二年間、大学で二年間、学習したので問題なかったが、ソプラノ、アルトの女性が約二〇〇人に対し男性は六〇人足らず、女性は友達を誘ったりした未経験という人も多かったようだが、男性のほとんどは、かつて大学その他で合唱団

に居た経験者ばかり、もう第九は何度歌ったか分からないというようなベテランばかりで、彼等と一緒に歌うのは結構大変だった。私はバスパートのカセットテープを購入し、真剣に練習した。私の研究上の恩師の平尾泰男先生の奥様もソプラノで参加されていたので、平尾先生も聴きにこられていた（『坂道を登るが如く』内で「研究人生の恩師、平尾泰男先生」で記述）。

ソロはそれぞれプロの歌手たちだったが、ソプラノでは、千葉県文化功労賞受賞者の有名な本宮寛子氏が歌ったので、打ち上げのパーティでは、彼女は若い他の三人のソリストからも先生、先生と呼ばれていた。私は舞台で歌ったのは大学一年の時以来で、「第九」合唱は一度経験しただけでもう十分という思いだが、湯川さんのお陰で楽しい経験をさせてもらった。

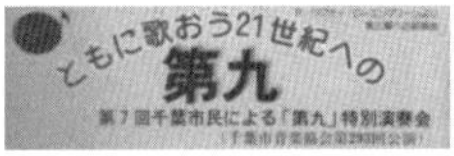

入場券

本宮寛子氏

公演後、ロビーで
湯川雅枝さんと

小林秀雄は若い頃『モオツァルト』（中央公論社、日本の文学第四三巻、一九六五年）を書き、それは、文学者からかなりの評価を受けたようだ。モオツァルトの第四〇番ト短調交響曲を彼は「疾走する悲しさ」と言ったのは有名な表現であるが、例えば河上徹太郎は、その付録で、『モオツァルト』を読んで私の感心したことは文章の力を純粋に働かせて、それでもって音の流れを捉えることがこれほど可能なのかという発見にある」と述べている。しかし、私は全くそれほどとは思わなかった。私は読んでいて、小林がよく勉強しているのはよく解った。しかし、私が唯一意味があると思ったのは「優れた芸術作品は、必ず言うに言われぬあるものを表現していて、これに対して学問上の言葉も、実生活上の言葉も為すところを知らず、僕らは止むなく口を噤（つぐ）むのであるが、一方、この沈黙は空虚ではなく感動に充ちているから、何かを語ろうとする衝動を抑え難く、しかも、口を開けば嘘になるという意識を眠らせてはならぬ」という文章であった。ところが、そう言いながら、それ以外の文章はどうであろうか、ゲーテが晩年自らの到達点を乱されるのを恐れてベートーヴェンの曲を聴いても沈黙を守り通したとか、スタンダールがモオツァルトをどう表していたか、とか、ニーチェがワグナーをこう言っているとか、さほど意味のあるとは思われない内容や解釈をグタグタと、あるいは延々と書きならべている。小林がそれを懸命に書いたのは、職業的な必要もあったからだと思うし、彼の研究を述べたかったのであろう。しかし、それは音楽に関する限りあまり意味のあることだとは思われない。

私は、時間的に進行する芸術である音楽を聴いた時、それを文章でいくら表現しようとしても、その感動を覆い尽くせるものではない、と思っている。幸いに、今の私は、文筆で稼がなければならない立場ではない。ただ、聴いて純粋に音楽の調べを鑑賞すればよいのである。その時の気持ちを言葉では十全に表現はできない。

私がベートーヴェンを好きなのは、その男性的力強さ、それでいて、非常に繊細な優しい部分があり、その織りなす得も言われぬ変幻自在さにあるのだと思う。第九の合唱はかなり音程が高いのだが、あるベテランの言によると、歌うのは非常に楽で、「あれは大声でどなっていればよい」ということを聞いたことがある。だから、素人が歌いやすいのだろう。私はこの曲では、むしろまるで天国のメロディーかと思うほどの第三楽章の清らかさが一番好きである。

一方、「運命」は、指揮をできるのじゃないかと錯覚するほどに聞きこんでいる。聴いていて途中で、ここでバイオリンから、突如として、木管楽器に移るとか、主題が変奏される、それが三回繰り返されて、再び弦楽器に戻るとか、ほとんど間違いなく進行とともに曲の展開が解っているほどである。そしてその音楽そのものを楽しむことがこころよいのである。私は音楽というものは、それで良いのだと思っている。

最後に、私の現在持っているベートーヴェンのＣＤのジャケットは二〇枚ほどあるが、その中で特に好きなもの、何回も聴いているいわば愛聴盤を出して見たい。

それらは、かつてレコードで持っていたもの、例えば、ベームの指揮による第五「運命」、第六「田園」、フルトヴェングラー指揮の第九交響曲、オイストラッフのヴァイオリン協奏曲、リヒテルとロストロホーヴィッチのチェロ・ソナタ第三番、ピアノ・ソナタ「月光」、「熱情」、等が入っているものなどで、ヤマハミュージック店その他で買いそろえたＣＤが大部分であるが、何度聴いても飽きが来ない。ベートーヴェンは本当によいと思う。

チェロ・ソナタ３番他２曲
チェロ　ロストロホーヴィチ
ピアノ　リヒテル

交響曲九番「合唱付き」
フルトヴェングラー指揮
バイロイト祝祭管弦楽団
（注二）

交響曲五番「運命」
ベーム指揮
ウィーンフィル

交響曲五番「運命」及び七番
クライバー指揮
ウィーンフィル

ピアノ・ソナタ　「月光」
「熱情」「悲愴」「テレーゼ」
ピアノ　ゼルキン

バイオリン協奏曲　及び
バイオリン・ソナタ「春」
オイストラッフ
フランス国立管弦楽団

交響曲六番「田園」及び
「エグモント」序曲
ベーム指揮
ウィーンフィル

注一、　訳者の注によれば、ロマン・ローランは、ベートーヴェンの後に、ミケランジェロ、トルストイ、画家ミレーらの伝記を書いた。

注二、　これはバイロイト音楽祭のライブで、俗に「足音入り」と言われる物で、曲が始まる前に指揮者が会場に入場する足音が聞こえ、観衆の拍手後にややあって、静かに演奏が始まる。

一九五一年、大戦後、初のバイロイト音楽祭再開のときの古いものなので決して良い録音ではないのだが、会場の熱気、フルトヴェングラーの渾身の精神性をたたえた緩急自在の指揮ぶりが伝わって来る。当時最高のソプラノ歌手と言われたエリザベート・シュワルツコップ、その他のソリスト達も指揮者のドイツ精神とはこのようなものか、とも思われる重厚な演奏指揮のもとで、声を振り絞っている。

好きな外国のポピュラー音楽の傑作

音楽というのは、実に多様なもので、人の感情を突き動かす。私は自分では全く演奏をしたこともなく、音楽の創造的活動能力もまったくないのであるが、音楽をただ聴いて楽しむということでは、人並み以上かも知れない。音楽に時間を委ねるのが大好きなのだ。

これらはかつて「音楽の選択―クラシック音楽と歌謡曲と応援歌―」という題で短文を書いた事がある（『折々の断章』（丸善プラネット、二〇一〇年）。

音楽好きというと、多くの人は、その好みがはっきりしている。特にクラシック音楽が好きな人たちは、それ一辺倒で、歌謡曲、ポピュラーは見向きもしないという人が多い。逆に、演歌が大好きな人は、肩苦しいクラシックなんてどうも、と言う人が普通である。しかし、私はともに素晴らしいと思い、その時の気分で選択している。

私の好きな外国の音楽は多様で、ポピュラーでは、大好きな音楽がいくつもある。

楽団の演奏だと、ドイツのベルト・ケンプフェルト楽団の「星空のブルース」、これは学生時代、工学部学友会（丁友会）の主催で行われたダンスパーティで、ブルースはステップがやさしいので何回か演奏された曲で、何と言っても最初のトランペットの輝きの音色が素晴らしい。私は、中・高男子校だったので、女性に近づきたくて大学一年の時、ダンスを年取った女性教師の自宅に通って個人教授で習ったことがある。ブルース、ワルツ、ルンバ、ジルバ、マンボ、スローフォックストロット、タンゴ、クイックなど、かなり難しいステップのものを含めて、片端から習った。しかし、パーティに出て男が誘ってくれなくて壁の花となっている女の子が可哀そうで、そういう場に行くのは一度でやめた。また、「真夜中のブルース」、「愛の誓い」も同じくトランペットの演奏が素晴らしい。

続いて大好きなのはフランスのポール・モーリア楽団の演奏で「恋はみずいろ」、「シバの女王」、「ラスト・ワルツ」、「この胸のときめきを」、「インシャラー」（注一）など、いずれも彼が作曲したものではないのだが、彼が編曲、演奏すると、一変して透明感ある音色となるのが素晴らしい。


また、アメリカの他の楽団にもよい演奏曲がいくつもある。マントバーニ楽団の「魅惑の宵」、「ミスティー」、ゆったりした夜の気分を流れるようにストリングスが奏でる、そしてビリー・ヴォーン楽団の「浪路はるかに」、軽やかな海の景色、イージー・リスニングの代表曲で、アメリカの自由な匂いがした。グレン・ミラー楽団もそうで「イン・ザ・ムード」、「ムーン・ライト・セレナーデ」など、こちらはしゃれたムードと言えようか。

一方、アルフレッド・ハウゼ楽団の「ラ・クンパルシータ」、「バラのタンゴ」、これらは何と言ってもタンゴのリズム感がいい。私の中高時代の同級生、金城庸夫君はなんとダンス選手権の審査員にもなったセミプロである。全く雰囲気は異なるが、ベンチャーズの「ダイアモンド・ヘッド」、「パイプライン」、「ワイプ・アウト」も素晴らしい、この騒がしい楽器音楽の演奏、ベースギターのバックと共に高音ギターがまっさかさまに落ちる感覚、リズムがいい。歌謡曲で一時期おおはやりだった欧陽菲菲の「雨の御堂筋」はベンチャーズの曲だった。

歌だと、ビング・クロスビーの「ホワイト・クリスマス」、これは中学生の時代、私を可愛がってくれた年上の大学生が最初に買ってくれたドーナツ盤だった。フランク・シナトラの「マイ・ウェイ」は、社会党党首だった土井たか子氏のカラオケの持ち歌だったという。シナトラのライブのCDを持っているが、彼の歌う前の英語のセリフがいい。パット・ブーンの「アイル・ビー・ホーム」、「エイプリル・ラブ」、このころ、エルビス・プレスリーもはやって確かに彼の音楽のほうが革新的ではあったが、私は艶やかなパット・ブーンの方が好きだった。ビートルズには関心がなかった。なにがいいのかわからなかった。いまでもテレビなどで再生されるが、その音楽にさして魅力を感じない。

カーペンターズの「イエスタデイ・ワンスモア」、「トップ・オブ・ザ・ワールド」、「シング」その他、彼女たちのCDは何十回聴いたであろうか、私もカラオケで英語で何度も歌っている、精神的苦痛で拒食症で亡くなったカレンは痛ましい。アンディ・ウィリアムスの「ムーン・リバー」、黒人合唱団プラターズの「オンリー・ユー」、「煙が目にしみる」、「トワイライト・タイム」、アメリカ娘の陽気な雰囲気のコニー・フランシスの「ヴァケーション」、「カラーに口紅」、ドリス・デイの「ケ・セラ・セラ」もそれぞれ特徴的良さを感じる。

そしてサイモン&ガーファンクルの「サウンド・オブ・サイレンス」、なかでも、彼等の「明日に架ける橋（Bridge over troubled water）」の歌詞が良い。

この歌詞の大要は、「あなたが苦しく、孤独になったとき、僕はいつも君のそばにいて、困難を乗り越える橋になろう」というような意味である

これは最近、私が多くの若い人（それは四〇歳代くらいから七〇歳代まで）から助言を求められる時

の、私の気持ちでもある。ただ、これは歌詞であるだけに、多分に感情過多であって、実際には、もっと冷静に対処しなければ適切な手助けはできないというのが、少なからずの私の経験である（注二）。

西部劇の主題曲だと、以下すべて名画であるが「シェーン」のビクター・ヤング作曲による「遥かなる山の呼び声」、「大いなる西部」のジェローム・モロス作曲のテーマ曲、テックス・リッターの歌う「ハイ・ヌーン」、フランキー・レインが歌う「ＯＫ牧場の決闘」、マリリン・モンローが歌う「帰らざる河」、「リオ・ブラボー」でディーン・マーティンが歌う「ライフルと愛馬」、映画ではリッキー・ネルソンとかわるがわるに歌っていた。ペギー・リーが歌った「ジャニー・ギター」（映画「大砂塵」（原題はジャニー・ギター）も味のあるストーリーであり、歌自体が素晴らしい。ジョーン・クロフォードの鉄火肌の女の純情さが思い出される。

シャンソンだと、エディット・ピアフの「バラ色の人生」、イブ・モンタンの「枯葉」、アダモの「雪が降る」、「サン・トワ・マミー」、シャルル・トレネの「ラ・メール」、ジャクリーヌ・フランソワの「パリのお嬢さん」、「小さな花」など。

私にとって、とりわけ思い出深いのが、ジュリエット・グレコである。それは、私がパリ近郊で家族とともに二年間の研究者生活を送った四〇歳代半ば、近所でグレコの公演があって、妻と出掛けた。カルチェ・ラタンの女王とも呼ばれた彼女は、黒いシンプルなロングドレスでいろいろな歌を歌った。「パリの空の下」、「パリ野郎」、「聞かせてよ愛の言葉を」などだが、その中で、一番思い出深い曲が「ポアソン（魚）」で、彼女が如何にも魚のように、身体をくねくねと揺らしながら楽しそうに歌い、「ああ、シャンソンでもこんな歌い方があるんだ」とひときわ印象に残っている（注三）。彼女は二〇一六年、八九歳で最後のコンサートツアーを行い、先頃引退したということを知った。

私がフランス語で歌える唯一の歌が「パリ祭」（映画原題「七月一四日」、アナベラが主演）である。これは英語、ドイツ語は学校で習ったのだが、フランス語は習う機会がなかったが、いずれ使うかもしれないと大学院の頃にＮＨＫのラジオ講座を一年間、毎日真面目に聞いたのだが、この時の講師、朝倉季雄先生の授業で聞いたような気がする。

A Paris dans chaque faubourg, Le soleil de chaque journée, Fait en quelques destinées, Éclore un rêve d'amour, Parmi la foule un amour se pose, Sur une âme de vingt ans, Pour elle tout se métamorphose, Tous est couleur de printemps, À Paris quand le jour se lève, À Paris dans chaque faubourg, À vingt ans on fait des rêves, Tout en couleur d'amour

（パリの各々の場末では、毎日、太陽の光が、幾つかの運命を、愛の夢を生みながら……）という言葉ではじまる。これはジャックリーヌ・フランソワ、ダニエル・ビダルなどが歌っている。後に映画も見たのだが、映画自体は一九三〇年代のたわいもない若者の恋物語だった。

まあ、音楽というと、クラシック好きは、いまでもしかつめらしくかしこまって聞くのが普通なのだろうが、第二次世界大戦のあと、日本は一挙に欧米の文化が流入し、その中でも、ジャズ、シャンソン、その他、西欧での庶民的な音楽が、人々を魅了した。こういう雰囲気で自由に音楽を楽しむ時代に、生まれ合わせた自分をつくづく幸せに思う。

注一、　これは「アラーが望むならば」という意味だという。サルヴァトーレ・アダモが作曲した。

注二、　私が最初に相談されて思うことは、その悩みが何によって来るのか、それの原因が彼（女）の相手にあるのか、彼（女）自らにあるのかをできるだけ客観的に把握することである。そして、彼等の今までの対応の仕方を、自分だったらどうだろうか、と考える。

多くはその悩みは無理もないと思うが、そこから出発して今後の対処の仕方を共に考えていく。自分の人生経験などは甚だ狭いものなのだが、マックス・ウェーバーが言ったという「感傷主義を排して『醒めた』魂を見失わないことが重要だ」という言葉がいつも心に去来する。

注三、　あとで、この曲は「小さな魚と小さな鳥」(Un petit poisson, un petit oiseau)という曲であることがわかった。

第五章　人物論

心から尊敬する兄貴分、髙橋令幸氏

私が東大大学院の原子核反応物理学の野上燿三研究室に進んだ時、私達の上級生は、上から博士課程三年の松本信二さん、二年の関口雅行さん、一年の岩崎与世夫さん、江口清子さん（後に結婚して桜井姓となる）、修士課程二年の髙橋令幸（のりゆき）さん、竹内富士雄さんの諸氏であった。工学部原子力工学科からの推薦入学であった私にとって、上級生は皆、理学部物理学科からの人々であって、何か最初は初めての経歴の異なる優秀な人たちに接するという非常に緊張する気分であったのを思い出す（物理学科への進学は、教養学部で高得点の成績でないと入れない）。

例えば、彼等は皆、学部時代に本格的に量子力学を勉強していたが、私は、原子炉工学、放射線化学、原子炉材料学など、あらゆる原子力に関係する科目を一応勉強していたが、原子核物理を研究するには絶対であるべき道具である量子力学をほんの僅かの講義でしか勉強していなかった。それは原子力工学科の協力講座の野上先生の講義で初等レベルのものであった(これはLinus Pauling & E.Bright Wilsonの“INTRODUCTION TO QUANTUM MECHANICS” (McGRAW-HILL BOOK COMPANY, Inc. 1935) を下敷きにしたものであったのは、後に私が東大医学部の学生に頼まれて個人的に量子力学を教えたときに使ったので解った）。

野上研でも、私達の状態を考えて、あるいは野上先生の指示があったのかもしれないが、私が学部四年の後半、岩崎さんをテューターとして、一緒に野上研究室に進むことが内定していた同期の菊池康之君とともに、David Bohm の“QUANTUM THEORY”(PRENTICE-HALL,INC. 1951)の輪読会をしてくれた。この本は、私にとって最初の原書の読書体験であったが本文六二八ページの大部であり、岩崎さん自身が勉強をしたかった本だと聞いた。髙橋さんもそれに参加していた。この本は後から考えても非常にいい本で、量子力学の成立からその基礎部分、特に観測理論を丁寧に解説した本であった。岩崎さんは非常に数学のできる人で、テューターとしてこれ以上ない方だったと思う。この勉強は原子力工学科の学部卒業論文（注一）の実験、解析とも平行してのことだったから、結構大変ではあった。修士課程の時は、講義は二年間ほどで六、七科目ほど単位をとればよいが、自主的勉強が大部分であり、たくさんの教科書を読んだ。研究室では、上級生が選んだエンリコ・フェルミの『原子核物理学』（小林稔・高木修二・新藤充男・金野正訳、吉岡書店、一九五四年）や当時新しい原子核の見方としての核子間の対相互作用を理解するために、物性の本『超伝導』（中嶋貞雄著、槇書店版、一九六一年）の輪読会が定期的に行われた。双方ともかなり難しい本だった。その為の、量子力学のかなり高度な数学の方法論的理解（時間的依存の摂動論とか第二量子化）が必須であり、その本だけでは済まず、別の本も読まないと本当には理解できないといったものだった。また、共立出版の核物理学講座の数冊の本（注二）も自主的に勉強したし、個人的に独習したランダウ・リフシッツの『場の古典論』（広重徹・恒藤敏彦訳、東京図書、一九六四年）はその見事な美しい記述に魅了された。

私はそれとともに量子力学の演習問題を徹底的にしなければと『大学演習 量子力学』（小谷正雄、梅沢博臣編、裳華房、一九五九年）を独習した。自然科学の場合は、頭のよい人はともかく、私のような平凡な人間は何事も演習問題をかなりの題数やらないと理解力がつかない。ともかくも一刻も早く先輩達に追いつかなければという意識だったから、必死だった。研究室で必要な原子核反応の演習問題はその本の最後の第八章でなかなかそこまで進まない。その内、気の早い関口さんから「そんなものは早くやっちまえよ」と言われたのをよく覚えている。一方、研究室では専門の論文紹介を毎週、学生にやらせる。私はまだ基礎も終わっていないのに、"Physical Review"や"Nuclear Physics"という原子核物理学で世界の一流雑誌の最新の論文を紹介するといっても、どの論文を眺めても解りそうなものがないので、毎回選ぶのにもすごく往生した。周回遅れの劣等生という初めての経験であったから本当に必死であった（注三）。

一方、研究室では、それまで使用していた一・二ＭｅＶくらいのバンデ・グラーフ型静電加速器に代わって、新しい日本で初のタンデム・バンデ・グラーフ型加速器（加速電圧五ＭＶ定格で、陽子であれば加速エネルギー一〇ＭｅＶが目標）を導入することが決定されていて、東芝が建設を進めていた。院生たちは、その加速器を使用した原子核物理の実験に夢を賭けていたわけである。

髙橋さんは修士論文に重粒子の種類の識別を目指したGridded Ionization Chamberの製作を選び、その性能を調べて修士を取得し、私は一年後、折しもの建設中のタンデム・バンデ・グラーフの電圧上昇のテスト運転を兼ねた、^{54}Fe(p, γ_0)反応の励起関数を修士論文テーマとして測定した。これは、何をしていいか解らない私に、松本さんが提案した実験であった。この時の修士取得の際の、研究とは全く異なる個人的な結婚をめぐる苦労はかつて自著で書いたことがある（『折々の断章』（丸善プラネット、二〇一〇年）内、「野上燿三先生」）。

髙橋さんは博士課程二年の時、一九六六年五月に結婚をされた。相手は、彼が埼玉大学四年生の時、図書館で見初めたという当時一年生の藤間茂子さんであった。図書館で見初めたというのは、作家の城山三郎氏と同じであったわけである。髙橋さんはワンダーフォーゲル部に居たのだが三年で専門の勉強が忙しくなり三年で既に退部していたという。一方の藤間さんはワンダーフォーゲル部でずっと活動したようだ。私達研究室員も野上先生夫妻とともにお祝いの結婚披露宴に列席した。

高橋夫妻の結婚披露宴を終えての記念写真　左より、井口、松本、関口、岩崎、新郎、野上先生、新婦、野上夫人、私、江口さんの方々

我々、研究室員にとっては、思いがけない結婚であったが、結婚披露宴は、練馬産業会館で会費制で、大学の彼の友人の司会で和気藹藹の雰囲気の中でとり行われ、髙橋さんは学生時代からの親しい茂子さんとの結婚に本当に嬉しそうであった。招待状によれば、四年間の長い春ということで、茂子さんは緊張した面持ちであったが、清楚な控えめな雰囲気で、私もいい女性だなあ、と思った。新郎新婦は、埼玉県の蕨市に住み、髙橋令幸さんは大学院生活を続け、茂子さんは小学校の教員となってまもなくであった。

　それから直ぐの六月に、私は後の妻、園子との間で、友人に囲まれた、簡単な会食による婚約式（婚約を公に知らせる会）なるものをとりおこなった。これは、我々は二〇歳の時に将来を約束したのだが、私が修士二年の八月、二三歳の時に私の親に打ち明けた所、大反対され、私は親と口論して家を飛び出て、ずっと東上線の志木に下宿していたのだが、母一人、娘一人で育った園子の母がその翌年二月にバスの交通事故で亡くなり、園子は一人きりの生活を強いられていて、さらに私の博士課程がおわり就職するまで、さらに二人だけの約束で数年も結婚を待たせるというのは、あまりに可哀そうだ、彼女を精神的に安心させた方が良いと、周囲の友達が気づかってくれたことによった。私はとても気恥ずかしかったが、会場の新宿中村屋の小部屋では、私の中高時代の親友、添田浩君、馬場昭男君が世話をやいてくれ、園子の日本女子大の同級生七人が来てくれた。添田君の友達で後に彼の妻となった桃子さんも同席してくれた。私は、我々のことは大学ではそれまで野上先生にしか話をしていなかったのだが、この時は研究室で、髙橋さんにだけ打ち明け、彼は喜んで出席してくれた。何しろ結婚の先輩であり、なによりも、人間的に深く信頼できそうな温かさと大きさを持った人だと思ったからであった。

添田君（上）と馬場君（下）

婚約式での髙橋さん（上）と我々（下）

我々は結局その翌年五月に、中高友人の強い勧めと好意で、結婚したのであったが、この時、同じ大学院生で既婚者の髙橋夫妻の存在がどれだけ心強かったか計り知れない。家庭の事は、何事があっても、彼に相談すればよいと思っていた。

日本物理学会は春、秋と二回開かれ、一回は東京以外の地方で開かれた。我々はその都度、野上、大村、橋本、粟屋先生と共に、学会にでかけ、昼は発表会、夜は院生だけ野上先生に連れられて、紅楼の巷を食事、飲み屋と渡り歩いた。たぶん、我々ほど先生と飲み歩いた院生はいなかったのではないかと思う。また、原子核物理学の若手研究者間では毎年夏の学校という泊まりがけの数日間の勉強会があったが、六六年には長野県野沢温泉、六七年には白馬の高原村で行われた。この時は、学校が終わって私が企画した後立山連峰の五竜岳、鹿島槍岳を研究室の秘書の女性、その友達も含めて、快晴に恵まれて縦走したのだが、ワンゲルで経験豊富な髙橋さんにはテント設営の一切をお願いした。他にも、研究室では、新入生歓迎会で七〇年に野上先生も一緒で日光光徳牧場、七一年冬には蔵王に野上先生、娘の三千子さんも一緒で、スキーに行くなど、研究室での楽しい思い出はいくつもある。

夏の野沢温泉にて　スキージャンプ台に登ってその高さに吃驚する。

後立山連峰　五竜岳
鹿島槍岳の縦走登山

1973 年　九州大学での物理学会のおり、母里太兵衛の像の前で

肝心のタンデム加速器はトラブル続発で、電圧が上がらず、我々も参加した運転調整に関する問題がいろいろあって、大学院生は、博士課程三年間の間に、その装置で博士論文の為の実験ができず、関口さんは、全国国立大学の共同利用研究所である東大原子核研究所（核研）の加速器建設の助手で就職、岩崎さんは当時ＮＡＩＧ（注四）と呼ばれた東芝の研究所の加速器で実験を行い、髙橋さんは核研のサイクロトロンでの共同利用でのヘリウム三ビームを使って、マグネシウム二四のターゲットを使う実験を行うことになった。$^{24}Mg(^{3}He,p)^{26}Al$ 実験である（天然のマグネシウムは、同位体の混合物で、二四は七九％、二五が一〇％、二六が一一％である）。

私たちは、それぞれ加速器の実験では連日の徹夜実験が普通で、皆で実験チームを構成してそれに参加するという仲であったが、私は、髙橋さんの実験での事前のターゲット作りの手伝いで、一九六八年一月から二月にかけての一ヶ月間、冬の寒い時に何日も核研に行ったのが思い出深い。核研にはターゲットを専門に作る技官の若い元気一杯の菅井勲氏がいて、いろいろコーチしてくれる。原子核反応でターゲット原子核と反応した粒子を測定するには非常に薄い数十ミクロンの厚さで直径三センチメートルくらいのターゲット薄膜をつくる必要がある。これは多くの場合真空蒸着で作るのであるが、ものによってはその原子核だけによるセルフ・サポートのターゲットが作れず、バッキングと言われる別の薄膜に蒸着し、あとでそのバッキングをはがすことによってその原子核だけの試料とすることも行われた。

髙橋さんは、他の実験論文で、マグネシウムのセルフサポートのターゲットを使用した実験があったのだろう、バッキング用に炭素の薄膜を蒸着で作り、それにナチュラルの（自然の分離していない）マグネシウムを蒸着し、その後で炭素膜をはがす製作の練習に熱心であった。しかし、溶液でそれをはがす時に、ターゲットには無残にもひびが入り、小さな片々となってしまう。たまたまできることもあるのだが、「散る散る」と言いながらどうにもうまくいかないことが繰り返された。その内、指定された実験期日が迫って来て、ついに本番用の濃縮されたマグネシウム二四（九九％）を使うことになった。これは高価で少量しか購入できないので、回数が限られる。しかし、うまくいかない。結局、金の薄膜のバッキングにマグネシウムを蒸着することで実験に臨み、それでやっと実験はうまくいったのであるが、私は、この時の髙橋さんの東京育ちの私にはない粘り強さに、実に感心したのであった。

彼はこの実験と他に $^{28}Si(d,\alpha)^{26}Al$ 実験も行い、アルミニウム二六の原子核構造を研究し、解析にもかなり長い時間をかけ、後に博士号を取得された（注五）。

髙橋さんは、四国の川之江市で育ち、父上は教育者であったと伺ったが、埼玉大学に入り、そこで、有馬朗人先生の講義を聞いて原子核物理に興味を持ち、大学院試験で東大に入ったというそこまでは他の院生にない苦労人であった。そういう苦労があったにも関わらず、いつも明るく気さくで何とも言えず気持ちの豊かな人であった。彼は、博士課程の年限が終わって、当面、野上先生が手配した理学部の一時的助手になられた。しかし、一年上の独身の岩崎さんと相談し、当座はその給料を折半することにしたと聞いていた。御結婚二年後の一九六八年に、髙橋さんには最初の女の子が生れた。

一九六九年は大学紛争で、一月に、俗に安田講堂攻防戦と言われる紛争もあったのであるが、我々は本郷の主キャンパスからやや離れた弥生キャンパスに加速器があり、そちらに常日頃いたので、直接は関わり合いがなかった。それよりも研究の為の実験施設のメインテナンスと実験で大学紛争どころではなかった。二月に岩崎さんが静岡大学に助教授として就職することが決まった。我々は送別会を寿司屋で開き、当時はやっていた千昌夫の「別れることはつらいけど、……」という「星影のワルツ」を合唱して彼を送ったのをよく覚えている。また、四月からは私の企画したカドミウムのターゲットによる共鳴実験で、タンデムを使った初めての本格実験が始まり、大変な時期でもあった。私は、博士課程の年限は終わってしまったのだが、これも野上先生の好意で、工学部の一年任期の助手になっていた。

その中でも思い出すのは八月、夏の全国高校野球選手権の決勝、愛媛の松山商業と青森の三沢高校の二日間にわたる決勝戦である。我々は夏休み中もタンデムでのいろいろな作業をしていたのだが、その合間に実験棟の休憩室でテレビにかじりつきになった。延長一八回〇対〇で翌日に持ち越され、ここでは作業そっちのけで研究室が試合に熱中した。我々は、多分他の大部分の日本人と同じく、初めての東北代表の決勝進出に、判官贔屓もあって三沢高校を応援した。また投手の太田幸司も美男で格好良かった。この間にあって、控えめながら唯一松山商業を応援していたのが髙橋さんだった。愛媛県出身だから当然であったろう。試合は結局松山商業が四対二で勝った。我々は皆「あーあっ」と遠慮のない溜息をついたが、髙橋さんも試合中つらかっただろうが終わってにこにこしていた。この年の一〇月、私は金沢経済大学で開かれた日本物理学会で初めて登壇しカドミウムの共鳴反応の発表をした。

数年後、髙橋さん一家は蕨市から杉並の上井草に移っていたが、そこからさらに京王線沿線の日野の団地アパートに引っ越した。我々は、自動車によるその引っ越しを、髙橋さんの同級生でフランス留学から帰国した竹内さんと若い院生五、六人で手伝った。一回荷物を運び入れ、そのあと、もう一度旧居から運んで往復するというので、私は三学年下の河本進君とともに残る役割となった。我々は運び込んだ荷物を整理し、さあ、あとどうするかと周囲を見渡した時、段ボール箱の中に髙橋さんのアルバムがあった。「面白い、アルバムを見よう」ということになり、二人でそれを見ていたら、高校時代のより太った髙橋さんの姿があり、彼は柔道部の猛者であったことが解った。それはいかにも豪傑という感じであった。まだまだ車は帰ってこないだろうと思ったので、我々はその後勝手に風呂に入った。考えて見たら、この住まいで一番最初に風呂に入ったのは我々だった。髙橋さんにはそういうことを笑って許してくれるおおらかな雰囲気があった。

ある時、我々が社会問題でいろいろ議論をした時、髙橋さんは「世の中、いろいろあるけれどなぁ、曽我君、俺なんんか、たまに新鮮な刺身で旨い酒を飲めれば、それで十分だと思っているんだ」と語られたことがある。その時、なにか、髙橋さんは恬淡とした大人だなあ、とその言葉は今でも非常に印象的に覚えている。

また、ある時、髙橋さんは、酔っ払って、駅の出札口でつべこべ言う駅員に腹を立て、窓口のドアを足で蹴っ飛ばして、呼ばれた警察官に「逮捕するならしてみろ」と言ったら逮捕され、豚箱に入れられたという。留置場に入って、どんな男かと隣りの留置場の部屋の男がいろいろ聞いてくる。そのうち、あまりしつこいので「うるせい！　静かにしろ」と怒鳴ったら静かになった、と言っていた。なにしろ、髙橋さんは剛胆な人であった。

一九七二年の二月、高さ一〇メートル位のタンデム加速器の二階にあるタンクの底を開けて、直径二メートル位の中に、四人ほどで入り、その底の部分で点検作業中、上下に回転している絶縁ベルトへのスプレー電源からの荷電の移行の様子をかがんで観察している時に、インターフォーンのボックスを抱えて、一階の制御室と連絡しあっていた髙橋さんが突然、「ああっ」と言って半分立ち上がり後ろに昏倒した。インターフォーンのケーブルがスプレー電源に触れて感電したのである。そのまま彼は気絶して仰向けに倒れていた。私たちは四人一緒に居て私は彼の隣りに接していたが私の膝にもビリッと瞬間電気を感じた。咄嗟に私は電源を切るために一階に走り降りたのであるが、既に電源のヒューズ（またはブレーカー）が飛んでいて、まもなくベルトの回転も止まった。慌てて二階に戻ると、学部時代東大柔道部の選手であった六年下級の相良建至君が髙橋さんを膝に抱きかかえて「髙橋さん、大丈夫ですか」と呼びかけていた。髙橋さんは完全に意識がなかった。

その後、誰かが主キャンパスに居た野上先生に電話で連絡し、先生は急いで駆けつけて来た。やがて救急車が来て、髙橋さんは東大病院に搬送された。憂色濃く、皆で口数も少なく会議室で集まっていた我々の所へ、何時間たっていただろうか、目が真っ赤に充血していた髙橋さんが「いやあっ」と言いながら笑って入って来たときは皆が本当にホッとした。インターフォーンボックスからの電線が電源に接触し、感電し、一万ボルトを超える高電圧であったが、低電流だったので、ショックは大きかったがはね飛ばされたので助かったのだった。電気は腕から尻に抜けてそこはみみずばれになっていたそうである。心臓などを通過しなかったからよかった。数年前に同じ原子力総合センターでプラズマ工学の助教授が感電して死亡した事故があった。その場合の装置は低電圧、高電流であった。野上先生は呼ばれて、タンデム棟に来る間、死んだかもと思い「奥さんにどう話そうか」と悩まれたと自ら述べられていた。私はその日は、日野にある彼の自宅までタクシーで送って行った。

後日、髙橋さんは山梨か長野の山で冬に自動車を運転していて、凍結でスリップし、自動車ごと崖から落ちたが、幸い目の前に樹を発見し、なんとかそこをめがけてハンドルを切り、その樹にぶっつけて九死に一生を得たという。「俺は、ともかく悪運が強いというか何というか」とこれも楽しそうに笑いながら話していた。

私は一九七二年、三〇歳になって、原子核研究所の助手として採用され、一年毎の不安定な本郷の助手から、正式の職員になったのであるが、髙橋さんは理学部の正規の研究室助手となり、十数年ずっと野上先生の定年までタンデム加速器の維持、改良、後輩の実験指導に活躍した。職場が離れても、核研で、野上研が共同利用で実験に来ると（ときに岩崎さんも静岡大学から参加され）、関口さんも私もいろいろ実験の便宜を図るとか、物理学会などでも旧交を温めた。私の核研での主たる実験は、マグネシウム二四にアルファ線を当て、シリコン二八になった複合状態の酸素一六と炭素一二に分かれた高励起・高スピンの準分子状態を探る共鳴実験であったが、髙橋さんはそのグループの主要メンバーであった。私はお陰でこの実験を一九七七年の日本で開催された原子核構造国際会議で発表することができた。

私達は家族五人で一九七八年五月から約三年間、アメリカインディアナ大学のサイクロトロン施設での研究の為、大学のあるブルーミントンに滞在したが、髙橋さんも同じような時期、単身であったがテキサス州カレッジ・ステーションにあるテキサスＡ＆Ｍ大学の原子核物理実験グループの研究員として、アメリカで研究された。一九八〇年の五月に、彼はインディアナ大学サイクロトロンを見学に来て、同僚の高田栄一氏とわが家に二泊した。竹内さんも泊まったことがある。また、私はその時期、ミシガン州のイースト・ランシングにあるミシガン州立大学に居られた岩崎さんを車で訪問した。大学院の研究室での結束は強かった。

その後、髙橋さんは講師となっていたが、核研の平尾泰男先生の斡旋で、一九八四年、民間会社として産業及び民生用の加速器事業展開を目指していた住友重機械工業に転職された。会社では加速器部門の指導者として、大いに実力を発揮したようである。新しいコンパクトな放射光発生の装置「オーロラ」の設計・建設の技術責任者として、多くの部下の研究者を統率する仕事に就いた。この装置は核研のすぐ北側の会社の敷地に試験装置が製作されていたから、私も見学に行ったことがある。

直径一メートルの電子の蓄積リングに入射器から一五〇ＭｅＶの高エネルギー電子を打ち込む。この入射に多大の工夫があったらしい。詳細は括弧内の次の雑誌に髙橋さんの解説が書かれている（「SEMI News」二〇一六年九―一〇号、『開発秘話：産業用超小型放射光源　オーロラ』）。

彼の、あの粘り強い思考と、技術的な工夫の豊かさ、実行力、決断力、そしてあの人柄から多くの部下に慕われた存在であったのがその成功に導いたに違いないと私は思っていた。

科学技術庁放射線医学研究所（放医研）で建設の決まったＨＩＭＡＣ（Heavy Ion Medical Accelerator in Chiba）の設計を会社として提案するための仕事にも数年従事されたようだが、その為か、核研の加速器研究部に出向もしたようだ。その時期は私がフランスに滞在した一九八三年から八五年の間で、一緒にはならなかったが、帰国後私は、平尾先生が主任教授、関口さんも助教授でいた加速器研究部に転部したので、髙橋さんの仕事ぶりを平尾先生によく聞いた。原子核研究所の将来計画であったニューマトロンが挫折して、精神的に不安定になった若い部員を、髙橋さんは「世の中、何がよいか、悪いか、そんなに簡単に決められないよ。まあ、そんなに慌てなさんな」と、淡々として彼等に対し、平尾先生は「髙橋君の存在は加速器部員にとってとても大きかった。皆が彼のお陰で落ち着いた。居てくれて大変助かった」と話されていた。私は、さすが髙橋さん、と思った。

一九八七年に、私がまだ核研の加速器部にいる頃、法政大学の八王子校舎でイオンビームの研究会があり、その時は、午前中からの会の為、髙橋さんの家が京王線の八王子に近いので、私は懐かしい日野の御宅へ前日から泊まらせて戴いた。泊まった翌朝、茂子さんが、実に手早く、トーストにハム、胡瓜、人参の千切りで、朝食を用意して下さり、それが非常に美味しかったのが忘れられない。

また、その頃、岩崎さんと髙橋さんと三人で核研の近くのひばりヶ丘駅近くで飲んだことがある。岩崎さんはへべれけになり足元もおぼつかなくなっているのを私が肩にかけ、髙橋さんはタクシーを止めようと西武線のひばりヶ丘駅近くを歩いていた。しかし、合図してもタクシーはどれもこれも止まってくれない。その内、髙橋さんは怒って自分のカバンをやってくるタクシーに放り投げそれがフロントガラスにぶつかった。さすがに車は止まり怒った運転手が下りてきた。そして髙橋さんと口論が始まった。髙橋さんは「お前らタクシーは、客のサービスの為に働いているんだろう。こちらが止まって欲しいという合図をしているのに、なぜ止まらないんだ」と言っていた。運転手は「我々は駅の近くだからタクシー乗り場のお客しか相手にしない。カバンを放り投げるとは何事だ。文句があるならあそこの交番に行こう」と言い、我々は駅前の交番に一緒に行った。そこで警察官と運転手、髙橋さんとの間で議論が始まった。

そのうち、運転手はこんなところで時間をつぶしては商売にならないと思ったのであろう。居なくなったが、今度は警察官と髙橋さんとの議論になった。岩崎さんはまだふらふらしていたが、「曽我君、いったい髙橋氏は何をしているんだ?」と聞く始末。まだまだ酔いが冷めていなかった。私は「髙橋さん、もういいかげんにしたら」と何度も言うのだが、彼は「いやいや、ここは俺に任せてくれ。そもそもタクシーというのは……」と警察官に説教をし続けるのだった。それは一時間くらい続いただろうか。やがて、髙橋さんはなにかの瞬間に時計を見た。「あれっ、もう一一時半か、いけねえ、明日の会社への出勤がある。もう帰らなくてはいけない。じゃ、あとはすまないが曽我君頼んだぞ」と言って笑いながら電車に乗って行ってしまった。時計を見た瞬間、ようやく彼も酔いから醒めたのだろう。

私は、まだよろよろしている岩崎さんを見て、しょうがない、核研に連れて行って今晩は核研に泊まるしかないと、彼と一緒に研究所に戻って研究所の一部屋のソファで寝たのであった。

ともかく髙橋さんはいろいろな意味で私などよりはるかに大人であった。研究室で皆で飲んでその後歌を歌ったりすることがあり、私はいつも灰田勝彦の「煌めく星座」などを歌い、また他の人は「琵琶湖周航の歌」、「北国の春」などを歌う中で、「あなた好みの女になりたい」という奥村チヨの「恋の奴隷」などを笑いながら歌い、皆の度肝を抜いたりした。私がカラオケなるものがあることを知ったのは、髙橋さんが住友重機械に就職し、会社の赤坂の接待用の場所で、野上研究室の出身者の集いがあった後、結構飲んだ後で二次会に流れて行って、私は髙橋さんが他の客と交代に歌ったのを聞いた時で、その時、私は「こんな歌は音楽ではない」と思いまったく歌う気がしなかった。ところがその内数年経ってそういうところでほろ酔いで歌う楽しさを知ってからは、いつでも歌うようになった。

髙橋さんと中年になってカラオケに行って、彼が「千年の古都」などをしみじみ歌うのを聞いて、彼は実に振幅の大きい本当に大人だなあ、とつくづく感に入った。

九〇年（平成二年）八月に、私は放医研に移った。重粒子加速器によるがん治療装置ＨＩＭＡＣの建設のためである。これには、三菱電機、日立製作所、東芝に、住友重機械工業も加わっていた。我々は、加速器検討委員会をいつも放医研で開いた。私は加速器担当でなかったから、気楽で欠席しがちであったが、「委員になっているので一度くらい出て下さい」と言われていた。

九一年三月にはこの会が住友重機械工業の本拠地である新居浜であった。当時、髙橋さんは既に、半導体製造の加速器装置開発をしていて、ＨＩＭＡＣには関係していなかったが、新居浜で働いていたので、私は彼に事前に連絡をし、委員会が開かれる前日に私たち二人は夕食を共にした。彼は「曽我君、今日は俺に任せてくれ」とすごく嬉しそうで積もる話は尽きず、さらに二軒を回った時は真夜中の三時、「ホテルまでは、ママさんがタクシーで送っていくから、あとはよろしく」と言って別れたのであった。

翌日の委員会は午前中から始まる。私は委員会に出たことは出たのであるが、会議中ずっと眠っていたらしい。後で「曽我さんは最初から最後まで実に気持ちよさそうに眠っていたよ」と他の部員から言われ、ことの次第を話したら大笑いになった。

この時は既に記念館になっている住友の発祥の元となった旧別子銅山を見学した。

髙橋さんは、その後、半導体へのイオン・インプラント（注入）（注六）のための加速器装置開発で、大きな実績をあげ、やがて住友重機械工業の子会社でその分野の専門を受け持つ住友イートンノバ社に移られた。当時、一時期、住友イートンノバは、その装置がよく売れて、アメリカの同業提携会社と共同で世界の需要の三分の二を占めるほどになったという。会うと、いつも「日本は、金融業で儲ける会社が続出しているが、社会はあくまでも製造産業が根幹にあるべきだと思う」との主張をされていた。

私は、放医研を定年になった二〇〇二年の後も、あちらこちらで粒子線治療の普及のために活動していたが、医用原子力技術研究振興財団に移られた平尾先生の依頼で、インドネシアのジョグジャカルタで開かれる加速器スクールの講師団を組織して団長として行って欲しいと頼まれた。それまで数回そこに団長として行かれた先生がもう同じ所に何度も行っているので、今度は君に任せたいと言われたのである。私は、大学や研究所から何人かの講師となり得る人を選び、民間会社からも誰かと思ったので、髙橋さんにお願いした。それで髙橋さんは、野上研究室の後輩でもある住友イートンノバの杉谷道朗氏を推薦してくれた。それで二〇〇三年一月にインドネシアで九日間の旅程を無事に済ますことができた。

髙橋さんは、一九九八年六月に住友イートンノバ株式会社の代表取締役社長となり、四期八年勤められて退任され、相談役となられた（二〇〇六年より、会社名変更でＳＥＮ、また二〇一五年より住友重機械イオンテクノロジー株式会社と社名変更された）。

二〇〇七年一〇月に、我々、野上研出身者は、野上先生卒寿のお祝い会を東大駒場の学友会館で催した。松本さんが幹事であった。会には、奥様の三枝子夫人、一人娘の三千子さん（埼玉大学教授）も出席された。

全部で約三〇人が参加し、和気藹藹の雰囲気で楽しいパーティであった。野上先生も、奥様もゆっくりと挨拶され、我々も一人一人簡単なスピーチをしたり、席を移って、相互に先輩、後輩の間で、和やかな情報交換を行ったりした。

それから八ヶ月後の二〇〇八年六月、野上先生御夫妻が相次いで逝去なされた。野上先生は奥様の葬式を済まして直ぐその翌日に亡くなられたという。こういう夫婦の亡くなり方は理想的かもしれないなあ、と我々は話したりした。

卒寿の会で挨拶される野上先生御夫妻

左より、関口、竹内、山崎、髙橋の諸氏

長谷川（野上）三千子さんと談笑する妻

二〇一三年一一月、私は関係する日中科学技術交流協会の要請で、中国に加速器の専門家の派遣を検討することになった。この時も私は髙橋さんにお願いし、杉谷君を団員の一員として加えさせてもらった。彼の講演の実力はインドネシアの際よく知っていたので、全く問題なかった。また住友重機械工業からは、長年中国で働いていて中国語の堪能な辰巳修二氏を推薦してもらった。辰巳氏も会社から客員として核研加速器部で勉強して働いていたこともあって、顔なじみであった。私が団長で、理研や、東芝、東大の研究者を連れて、我々は上海、蘭州、北京と三ヶ所の研究所を訪れ、交流を重ねた。六日間の旅だった。

ここ数年は、髙橋さんは一般社団法人、半導体産業人協会の理事になられて（現在は諮問委員）、それが新宿にあるので、そこに時々会議で出られた後で、新宿で歓談することが常となっている。

二〇一五年一一月には、なんと髙橋さんの奥様、茂子さんが胃がんで七二歳で亡くなったことを髙橋さんの歳末の葉書で突然知った。彼女は、小学校の教師で最後は教頭になり、若い頃から髙橋さんをずっと支えてきた。髙橋夫妻は、年取ってから、二人で日本ばかりでなく、アメリカ、ヨーロッパの各国、ニュージーランドなどをレンタカーを使って

杉谷君（左）と辰巳氏（右）

あちこち旅行をしたり、登山を楽しんでいるとばかり思っていたから、私はびっくりした。
若い頃ともにワンダーフォーゲル部の経験があり、その後も登山の愛好者であった御二人は、特に茂子さんが退職してからは、世界中を旅行したようである。私は毎年の年賀状で御二人の仲睦まじい写真を何度か拝見していた。病気になる前は、茂子さんは、一度も病気などはしたこともない強い身体で健康であったという。
病気はスキルス性胃がんであって、これは非常に進行の早いがんで、解った時は如何ともしがたかったと言われていた。二、三年間の闘病中、本人が他人には言わないでくれとずっと言っていたので、その為、急な知らせになったとのことである。彼女は気丈なしっかりした女性だったのだろう。
二〇一六年四月、髙橋さんにとっても私にとっても共に恩師であった平尾先生が八五歳で亡くなられた。稲毛で行われた葬儀には、髙橋さんも来ていた。私は簡単な会話を交わし、髙橋さんは葬儀が終わって私を探したとのことだったが、私は火葬場まで先生のお骨を拾いに行ったので、別れてそのままに

なってしまった。

２００８年　年賀状より

２００９年　年賀状より

それから三ヶ月ほど経った七月に、髙橋さんがアメリカ人と結婚した息子さん家族（髙橋さんは娘さん二人と息子さんの三人のお子さんがいる）に会うためにアメリカを訪れ一〇日間くらいの旅行から帰ったので、私は久しぶりで髙橋さんと新宿でゆっくり歓談した。我々は募る思いで、六時間も私のなじみの飲み屋で語り続けた。

いろいろなことを伺ったが、さすがに若い頃にあの剛胆だった髙橋さんも、自分より数歳若い奥さんに先立たれたことには、がっくり力を落とされたようだった。「曽我君、奥さんを大事にしろよ」と何度も繰り返された。私は返す言葉もみつからずうなずくばかりであったが、内心「髙橋さんだってあれだけ大切にしていたのに。奥様が生前『私はもういいの』と言われていたと伺ったが、それは髙橋さんが奥さんに対してベストを尽くしたということだ。それにしても」と、髙橋さんの今の心情を思うと胸がいっぱいになった。

研究室で、お互いに若い二〇歳代から、一番世話になり、私など人間的視野の狭い研究者と違って、髙橋さんはいつも一格上の大人でおられた。いつも私の精神的な兄貴として、長年支えて戴いた髙橋さんには、何としても、元気でいて欲しい。「髙橋さん、どうか、これからも人生の先達として、私達を導いてください」というのが、私の今の心からの願いである。

注一、　題目は、『黒鉛天然ウラン系のパルス中性子実験』。コッククロフト・ウォルトン加速器での（*d,n*）反応で生成された中性子をウラン黒鉛未臨界システムに打ち込み、それの時間的減衰を測定する中性子拡散定数の測定であった。

注二、　それらは『原子核の一般的性質』、『核構造』、『核反応』、『素粒子の一般的性質』などである。また、量子力学も、名著とされた朝永振一郎先生の『量子力学』（みすず書房、一九五二年）、有名な標準的教科書と言われたレオナード・シッフの『量子力学』（井上健訳、吉岡書店、一九六一年）も読んだ。

また、標準的教科書と言われた、一九五二年出版のジョン・ブラットとヴィクター・ワイスコッフの“THEORETICAL NUCLEAR PHYSICS”は特に巻末にある平面波の多重極展開がガンマ線への理解の為によく書かれているということで、本文約八〇〇ページの主要な部分は読んだし、一九六二年に新しく出版されたM・A・プレストン著“PHYSICS OF THE NUCLEUS”は、その時代の重要な原子核物理学が丁寧に書かれているということで、本文約六〇〇ページは完読した。この原著二冊は、いわゆる海賊版と呼ばれていたもので、正規の手続きによる出版ではなく、違法なものであったが、学生にとっては非常に安く手にはいる原著版のコピーであった。これらによって、原子核物理学で使われる英語はほとんど抵抗がなくなり、英語論文を読むのが楽にもなった。この二冊を比較すると、一〇年間の差だけだが、この時期、原子核構造の殻モデルと集団運動モデルの確立という非常な進歩がなされたことがわかる。

また実験の為、裳華房の『エレクトロニクスの基礎』（霜田光一、一九五八年）、『放射線計測学』（三浦　功・菅　浩一・俣野恒夫　共著、一九六〇年）を勉強する必要もあり、回路で使われ始めた半導体を理解するため、**RAPHAEL LITTAUER** の"**PULSE ELECTRONICS**"（**McGraw-Hill Book Company, 1965**）も勉強した。

博士課程に進む頃は、教科書もあるが、英語の論文をもっぱら読むのが日常で、当然のことながら何とかして一刻も早く専門的研究の世界の第一線に立つのが目標となった。日本物理学会が編集した「物理学論文選集」のうち原子核物理学を集めた一〇冊以上のものも購入して、自らの興味のあるものは片端から読んだ。後から考えても、この大学院に入ってから、四〇歳ぐらいまでの一五年間ぐらいが私が専門的に最も勉強した時期と言えるのではないかと思う。要は、研究というものは、教わるものでなく、自分が問題を見つけ自主的に勉強するもので、他人からは参考になる意見は聞いても、自ら手探りで進むものであるという研究者として当然の姿勢を植え付けられたということだった。

注三、　あとから考えると、実験を目指しながら、この時にかなり徹底的に理論の勉強をしたのは、相当無駄なことも多かったが、後にアメリカに行ってから、パイ中間子発生の実験で、必要に応じて相対論的量子力学や素粒子物理学、クォーク物理学などの本を一人で勉学する時に、非常に役に立った。

注四、日本原子力事業株式会社。東芝傘下で、バンデ・グラーフがあった。特に放射性元素であるトリチウムの加速が行われた国内唯一の加速器で、岩崎さんはこのビームを使った二核子移行実験を行い博士号を取得した。

注五、この研究の雑誌への発表は次の如くである。
Nuclear structure of ^{26}Al studied by two-nucleon transfer reactions ^{28}Si(d, α) and ^{24}Mg($^{3}He,p$).
N.Takahashi et al, Physical Review C vol.23, 1305-1319, 1981

注六、ダイオードやトランジスターの製造は、例えば、シリコンの基盤に、他の元素を打ち込むことで、N型やP型の層を作る。この、他の元素を打ち込むのに、比較的低エネルギーの加速器からのイオンビームを使用する。これをイオン・インプランテーションあるいはイオン・チューニングと言う。

伝記作家、小島直記氏

私が、氏の作品を最初に読んだのは、家にあった父の蔵書で『小説三井物産　上下』（講談社文庫、一九八二年、初版講談社、一九六九年）であった。これは、明治中期の三井物産創業時を描いた作品であり、初代社長益田孝、横浜支店長馬越恭平などが出て来るが、あらすじなどは全く忘れてしまった。気楽に読み過ごしたものと思われる。

やや集中して興味を持って読んだ最初の本は『福沢山脈』（河出書房、一九六七年）であった。これは慶應義塾で学んだ明治の人々の群像を描いたものである。

この本が家にあった由来は、母が祖父で丸善の創始者である早矢仕有的（はやしゆうてき）の資料を集めていた関係で、この本の中に有的を述べた一節があって買い求めたものと思われる（この仕事については自著『坂道を登るが如く』（丸善プラネット、二〇一五年）内、「丸善とのあれこれ」で触れた）。

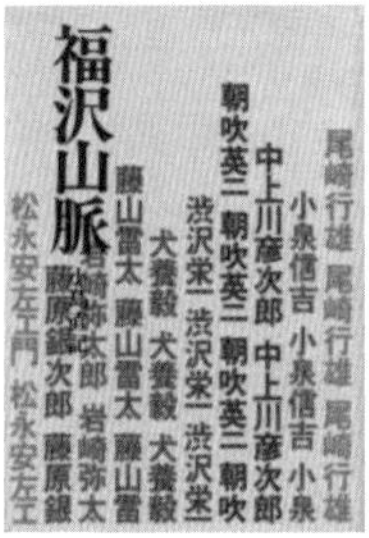

表のカバー

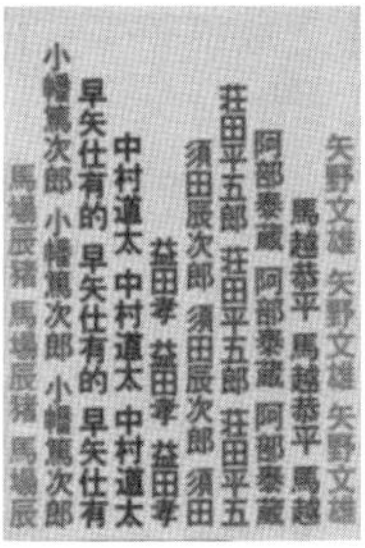
裏のカバー

朝吹英二氏

この記述は、小説風であり、大筋は史実に基づいているに違いないだろうが、勝手に著者が面白おかしく創作した部分がたくさんあり、会話の部分などは完全に著者が想像したよくある典型的な時代小説風のものである。宣伝の帯には、「慶応義塾に福沢諭吉の人間と学識を慕って集まった若き日の英才たち　福沢を源流とする日本経済の指導者たちの巨大な人間山脈を描く長編小説一二〇〇枚」と銘うたれている。

主人公は、福沢家の玄関番からスタートし、後に慶應義塾の出版局主任、さらに福沢に勧められ、三菱に入り、さらには後年三井に移って傘下会社の育成、人材の養成をしたという朝吹英二である。

これに、さまざまの慶應義塾関連の人物が出て来る。中村道太、早矢仕有的、小幡篤次郎、荘田平五郎、中上川彦次郎、小泉信吉、矢野文雄、尾崎行雄、犬養毅、松永安左エ門、藤山雷太、藤原銀次郎、池田成彬等々。一人一人の人物が出てくる度に、その人の生れから学歴、職歴、逸話などが紹介されていくので、やたらに知識が増える。特に、薩長の藩閥政治の中で、後に憲政の神と言われた尾崎行雄（三重県出身）が、明治政府発足以前の若い二〇歳時代には、同年輩の言論の雄であった犬養毅（岡山県出身）に対する激しいライバル意識があり、彼が大いなる変革の為に熱情を込めたと同時に、犬養と比較しての任命地位の上下に拘泥した様子など、こういうことはどこまで本当かはわからないのだが、一見小心な出世主義者であった面もあったことが描かれている。

また、明治一四年の政変、伊藤博文、井上馨の長州閥による、政策の異なる参議大隈重信の追放で、政治家の凄まじい権力欲が示されてもいる。しかし大隈の傘下にいた多くの福沢門下の人々がかえって民間人となって生き生きと再生し、巻き込まれた福沢も「時事新報」を立ち上げ出版人として彼らを激励し筆を揮った。大隈自身も翌年三月に立憲改進党の党首となり、一〇月には東京専門学校（早稲田大学の前身）を創立した。ただ、この激変の時、朝吹は、福沢と岩崎に勧められ、既に三菱から移って福沢の立案の為替銀行（横浜正金銀行）とともに、外人相手の貿易をする目的で設立された貿易商会にいたのだが（社長は早矢仕有的）長州閥の政府から狙い撃ちされて、為替とりくみ禁止などにより莫大な借金を抱え込んだ。また立憲改進党の犬養と尾崎に党の運営資金を頼まれもした。こんなところは、政治家というのは弁が立っても裏で経済界が支えなければどうしようもないということが良く解って面白い。これらをすべて自分が何とかすると負債を被った朝吹はどうしたか、平沼という有名な高利貸のところに飛び込んだということになっている。ここはやや尻切れトンボの記述になっているが、七転八倒でなんとかなったらしい。伊藤が首相になる明治新政府が発足したのは明治一八年一二月である。

この本の後半は、朝吹が五歳年下で福沢の甥であった中上川彦次郎の妹を福沢の斡旋で妻にしたこともあって、三井銀行専務理事の中上川と、後で三井入りしやがて三井全体を統括する管理部の理事にもなった朝吹の生活が描かれている。明治三四年、福沢、中上川の死去から、十年後六三歳で三井を去るまで、朝吹はかなりの道楽者で花柳界にもしょっちゅう入り浸りながらも、周囲から慕われ、人から頼まれた金策に奔走し、自らは汚れ役に徹して多くの後輩を育て、七〇歳で亡くなった時は、彼に助けられた著名人が実に多く駆けつけたという（注一）。

それは別としてこの本に父が書いた、昭和四七年一二月としたメモが挟まっていた。それには、本文、一六六ページに「だが、早矢仕は朝吹の方を見ようともしなかった。声もあまり大きくないが、モノを言う前にはげしくまばたきをするのが特徴である。ひとしきり、眼をパチパチさせたのち、早矢仕はことばをつづける—。……早矢仕はそこでことばをきり、反響を調べるかのように一座を見まわしたが、誰もが沈黙して、つぎの言葉を待っている。そこでまたはげしくまばたきをして、早矢仕は口を開いた。……」という記述があるのだが、それに対する異論の内容である。

そのメモは以下のようであった。早矢仕有的の特徴として、作者が書いているところを、叔母、有的の末子に読んで貰い聞いたが、「違っています。眼が大きかったのでまばたきはしましたが、ことさらパチパチさせるなんて知らない人が書いたんですね」、「訂正させる程のことでもないでしょうが、父の伝記は是非正しいものを作っておかねばなりませんね。曽我さん、あなたやってちょうだいね、……」、「土屋喬雄先生は責任を持たない人で駄目です。私は学者はきらいです。資料は早く取り返して下さい。……」、小島さんに面会する要あり、と書かれてあった。私も有的の末娘である野平美禰（のだいらみね）さん（母の叔母）には子供の頃、母に連れられて彼女の大きな邸宅で会ったことがあるのだが、夫の野平道男氏が上海で三井物産の支店長をしていた人（既にその時故人）で、家の中には紫檀、黒檀でつくられた家具がいくつかあり、まことに堂々とした誇り高い老夫人だった。

有的の伝記を委嘱した土屋氏の仕事は、その後松島栄一氏に引き継がれ、その後完成することなく、今は両氏とも亡くなっているので、結局そのままになっているし、こんな創作物で父がわざわざ小島氏に接触したこともなかったであろう。

閑話休題、小島氏のこの本は、当時の人々の活動が生き生きと描かれていて非常に面白かった。私も名前を聞いた事はあっても具体的にどういう人かは断片的にしか知らなかった福沢門下の人々の実態の知識が得られ、彼らが実業界で名を成した由縁を詳しく知ることになった。もっとも、著者のかなり徹底した調査をもとにした記述は実に読みごたえがあったが、当時の政商であった三井、三菱の由来をはじめ、彼らが、選挙のある度に政友会と民政党の双方にバランスをとって献金をしていて、所詮政党は「三井・三菱の番犬に過ぎない」という側面があったこと、そして渋沢栄一、団琢磨、武藤山治のことなどあまりに多くのことを盛り込んだため、記述に整理が行き届かない面もあって、特に後半の記述で、不分明な点があるのはちょっと残念な気がしたが（借金王と言われた朝吹の負債の決着、三井に対する小野組、島田組の破産の趨勢など、いずれも政治がらみのこと）、ともかく力作であった。

それ以外に小島氏はここで扱われた多くの人たちの個別の伝記をも書いている（注二）。

その次に読んだ彼の本は『異端の言説　石橋湛山　上下』（新潮社、一九七八年）であった。これは父の蔵書にあったもので、父は早稲田大学卒業後、湛山の東洋経済新報社に合格しながら、大蔵省に行ったが、官界では東大卒ばかりが出世していくので、馬鹿馬鹿しくなり依願退職し、やがて鉄鋼統制会に移った。私が中学、高校生の頃か、父がその就職の選択を後悔していたのを息子の私にもぽつりと話したのを思い出す。父の大学の大先輩に対する思いがあったに違いない。この本で私はすっかり湛山が好きになり、二〇〇八年、二〇一三年と二度読んでいる。著者が『福沢山脈』から一一年後の五九歳の時の作品で、相変わらず非常に多くの資料を読み下した作品であるが、主人公が一人であること、そしてこれは事実あるいは資料に基づいた評伝であって、小説風ではなくて、ずっと中身がひきしまった叙述になっている。小島氏も円熟した筆致になっている感じで読みやすかった。

湛山は私が日本の政治家の中で一番人間として尊敬している人である。私にとっての氏の思い出は、何と言っても、一九五六年、鳩山首相の勇退の後、選挙で二、三位連合の苦労の末首相になって二ヶ月余りで急性肺炎になって、医者の二ヶ月の静養の勧告から通常国会への出席不能を思い「国政に停滞があってはならない」とサッと辞任した、その出所進退の潔ぎよさであった。その後彼は一五年以上まずまずは健康で生きたのであるから、結果的にもう少しやってもよかったとも思ったが、首相の激務を考えると困難と思ったのであろう。その四年後、日本は六〇年安保改定反対の空前の運動となったのである。これについては自著『悠憂の日々』（丸善プラネット、二〇一三年）内、『私の履歴書』読後感」で述べたし、そこではさらに彼の中学時代の二度の落第が、人との出会いという意味で運がよかったと自ら思っていることなどを、書いた。

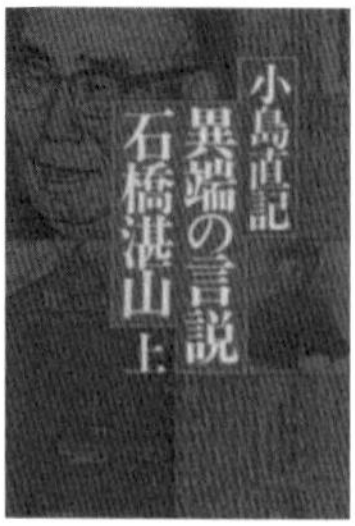

上の表紙

下の中表紙

しかし、それ以上に、この小島直記氏の本を読んで彼の人生に対する態度に打たれた。彼は、明治一七年、もともと日蓮宗の仏門の家に生まれ、将来は宗教家として生きるつもりで、早稲田大学大学部の文学科（部）の哲学科に進んだのである。大学で真面目に勉強したのであろう、文学科首席で卒業し一年間特待研究生となった。就職では英文科講師であった島村抱月に紹介された田中穂積（注三）のもとで新聞記者になったが、一年後に徴兵検査を受け合格。軍隊に最小期間の一年志願兵として過ごし除隊した後の明治四四年一月、あらためて田中穂積の紹介で社会評論雑誌を出版する東洋経済新報社に入社したのである。会社は明治二八年創立で、彼が入社したのは四四年であるが、この時、会社の中は、幹部四名、編集七名、営業三名、あとは給仕、小使ぐらいで、計一四名であったという。

当初は前年創刊された『東洋時論』が担当でその雑誌に毎月記事を複数、執筆している。そのうち、この雑誌が販売不振で廃刊になり、もう一つの雑誌『東洋経済新報』一本でいくことになった。彼は一九一二年（大正元年）十月、二八歳で仕事の都合上自らを経済記者へと一大改造にとりかかったのである。彼は後に言っている。「哲学科を出たから経済のケの字も知らなかったので、東洋経済が『東洋時論』を発行してなかったら、絶対に当社に就職することはなかったに違いない。……思えばまことに偶然の巡り合わせであった」と。この時期はたまたま主幹であった三浦鉄太郎（てつたろう）の世話による同年一一月の結婚とも重なっている。新婦は小学校の教師で、当初は共稼ぎであった。彼は通勤の市電の錦糸堀と江戸川との始点・終点の往復車中で、ひたすら経済学の原書に挑戦し、独学で勉強を続けたとある。「セリグマン、マーシャル、ミル、アダム・スミス、リカード、マルクスというように次々と読んだ。……またトインビー、レスリー・スチブン、ギビンス等も大いに役立った、アダム・スミスは大正三年、三〇歳の時で……」などと自ら書いているから、大変な努力家である。また、彼は「ただ本を読むだけでは駄目で、それを実際の問題に当てはめ、自己の思考力を訓練し、学問を実生活に応用する術を習得しなければならない」と書き、その実習こそ『東洋経済新報』への執筆と言えた、と小島氏は述べている。ケインズの『平和の経済的結果』を湛山は一九二〇年（大正九年）に紹介し、それを社説で六回に亘って論評したという【ケインズの『雇用・利子および貨幣の一般理論』は一九三六年（昭和一一年）であるから、まだ先の話であった】。

ただ、湛山の経済学の実力が発揮された有名な「金解禁論争」（注四）は一九二四年（大正一三年）であるから、わずか一二年間でまったくの門外漢から日本の最高レベルの論客へと驚異的成長を示した、と小島氏は述べている。

この本を『異端の言説』と名付けた著者の意味するところは、彼が東洋経済新報社の主筆として健筆を揮った戦前の、時の流れに抗した数々の記事のことを指している。小島氏は内容を三つに分けて、一つ目は第六章「民主政治論」（五八ページに及ぶ、以下同様）で、湛山がイギリスの自由主義理念のもとに、元老、藩閥、官僚支配の政治体制を批判している数々の論考。二つ目は第七章「小日本主義」（四五ページ）で、軍国主義、帝国主義路線の批判で特に植民地放棄論、軍備制限論、派兵反対論を骨子とする、小日本主義の主張である。そして、加えるに第二次大戦下における第十章「戦争と自由主義者」（八八ページ）である。三つ目は先に挙げた経済政策の論争で第八章「金解禁論争」（七七ページ）と第九章「不況の嵐―金解禁実施―」（一一〇ページ）である。

これらの章で氏は湛山の主張を詳細に取り上げ、解説している。たぶん小島氏は湛山が書いた全ての記事を徹底的に読み、その理解に努めたことであろう。

これらを詳述すると大変であり、ここでは細かい記述は割愛するが、大半が時の政府に対する批判、議会、政党に対する批判や提言、戦時拡大政策や軍部の横暴に対する批判で、あの時代によくもここまで勇気を持って書いたものだなあ、と感嘆する。なかでも、典型的な例の題名だけ挙げておこう。

一つ目に対しては「桂公の位地と政党政治の将来」（大正二年二月）【桂太郎内閣に対する批判】、「民衆暴動の意義を知れ」（同二月）、「犬養・尾崎両氏に与ふ」（同三月）、「選挙権拡張案の提出」（同三月）、「断乎として自由主義の政策を執る可し」（大正三年五月）、「挙国一致内閣とは何ぞ」（大正七年九月）【寺内内閣による経済危機による騒擾罪の大量検挙に対し元老政治を批判して】。

二つ目に対しては「好戦的態度を警（いまし）む」（大正三年八月）【第一次世界大戦の日本参戦に対する批判】、「重ねて青島領有の不可を論ず」（同十一月）、「戦争謳歌論を排す」（大正四年一月）、「第二の露独たる勿れ」（同年二月）【満州併合に反対して】、「シベリア出兵を引上ぐべし」（大正七年九月）、「一切を棄つるの覚悟　太平洋会議に対する我態度」（大正十年七月）などがある。

以上は、第六章、第七章からであって、大正年代彼が三〇～四〇歳代である。彼は大正一四年四一歳のとき社長になっている。第十章の第二次世界大戦に進む時局に対しても彼の主張の根底は揺らいでいない。記述は詳細を極めるが、その中で彼の特質をよく表すものとしてほんの一部を書いて見る。

昭和六年満州事変勃発、これは、領土狭小、資源貧弱、人口過剰を大陸への進出によって解決しようとする日本の方針であった。この時点で彼は社説「満蒙問題解決の根本方針如何」において「彼国人が、彼等の国土と信ずる満蒙に、日本の主権の拡張を嫌うのは理屈でなくして感情である。支那の統一国家建設の要求を真っ直ぐに認識するべきだ」、と書いている。しかし、事態は翌年「満州国」建国宣言、国内にあっては、昭和八年京大滝川事件、十年天皇機関説批判と、思想・言論における干渉、圧迫が強化されていく。これに対し湛山は「言論を絶対自由ならしむる外思想を善導する方法は無い」および「中正を欠く思想界、之れ言論自由圧迫の結果」を発表した。前者は、古くは大正十二年の日本共産党弾圧の第一次検挙、昭和四年四月の約八〇〇名起訴の第二次検挙、七年十月の約二二〇〇名の検挙、また八年一月の第四次検挙（この時、河上肇、大塚金之助、風早八十二などの学者が対象者）があり、湛山の論はこの時点であった。この時彼は「明朗なる社会には、悪思想は蔓（はびこ）りえない。社会を明朗ならしむる第一条件は言論の絶対自由だ」と書いた。後者は滝川事件の経過を念頭において書かれた。

昭和八年十二月には「遺憾なる陸海軍の声明、軍民分離を防止する唯一策」と軍部に対する直言にも及ぶ。しかし、時局は一一年の二・二六事件、一二年の盧溝橋事件により日中全面戦争の開始、総動員体制と進む。この間にも湛山は事態の進展にことごとく社説で論陣を張り、十三年三月には「武力の効用を偏信する軍人が、往々にして国を危うくする」を書き、五月に、湛山は特高警察の訪問を受けたという。対談内容はわからないが、マークしているという威圧を直接加えられたものと言える、と小島氏は述べている。

昭和一四年第一次近衛内閣が総辞職した直後、湛山は「わが国の政治には連続性がない。……国民との思想的連絡がない。内閣が次々と現れ次々と倒れる状態が、何時までもつづくことは、国家の不幸であり、国民の堪え得ざる所である。……国民の衆知を集める方法は、言論の自由を最大限に許すことだ。……我が国の現状は、余りに言論が不自由だ。政府はここに深く反省する要がある」と勇気を持って書いた。

同年八月独ソ不可侵条約が結ばれ、日本が最大の味方と考えて来たドイツが、最大の敵とするロシアと手を結んだ。この結果平沼内閣は「欧州情勢は複雑怪奇」と声明して総辞職したのである【これは一ヶ月後ドイツおよびソ連がポーランドへ電撃侵入をするためであり、これが欧州での第二次世界大戦のきっかけとなった】。

石橋湛山は九月の「独逸の背反は何を訓（おし）えるか」で、陸軍将校が勝手に政府と無関係に声明を発表したのを、国家の為に断じて許し得ない綱紀の紛淆（ふんこう）だ、と書いたがこの社論は当局の激怒をもたらし全文削除処分を受けた。一五年七月第二次近衛内閣成立、すぐに湛山は「政治の最後のライン　近衛内閣に対する国民の期待」を書くが、一ヶ月後には「新政治体制は何処に行く」を書いた。今迄の内閣の確固たる方針のなさを衝いたのである。小島氏は、湛山は決死の覚悟でギリギリの発言を続けたと述べている。やがて一五年九月日本軍は北部仏印に進駐、日独伊三国同盟調印、翌年七月第二次近衛内閣総辞職、湛山は「理由不明の内閣の変化」を書いたが、警視庁より全文削除を命ぜられた。そしてついに、一二月に日米開戦となったのである。

一九年三月の社論では、「強力なる政治は、只だ主観的決意と掛け声だけでは実現しない」を書き、情報局から厳重注意、七月東條内閣の総辞職、湛山は「東條内閣辞職の理由」を書き、「東條内閣の負わねばならない罪」を列挙し、この社論は全面削除処分を受けたという。

このように、『東洋経済』の記事がしょっちゅう削除処分を受けながら、彼の検挙に結びつかなかったのは、彼の主張が、まことに堂々とした条理を尽くしたもので、当局にとって反論の仕様がなかったためであろう。一方で、これはひとえに当時の一民間雑誌ということで、大新聞とは異なり、民衆への影響が小さくそれが当局から見てさほどの脅威を感じさせなかったからだ、と解説する人もいる。

この十章の最後に、中山伊知郎氏（後の一橋大学教授、当時は東京産業大学）の印象的な懐古談が書かれている。昭和十九年十月、戦争が必敗の色濃い時期に湛山は石渡蔵相によびかけて大学の経済学部教授、日銀、興銀などの部長をメンバーとして「戦時経済特別調査室」をつくって週一回くらい集まっていた。ある時、ヤルタ協定（注五）の話が出て、この協定で日本に残された四島だけではたして日本は生きていけるか」の論議となった。「領土を持つことの利益と不利益」の話の間、中山氏は自信のない気持ちで揺れ動いていたが、湛山は「日本は四つの島でやっていける」と強く主張したと言う。

中山氏は「理論というよりは、経験と信念の表現であったが、論旨は実に堂々としていた。……しかし、ヤルタ協定の内容を動かぬものとして受け取って、その上に四つの島での生き方を徹底的に考えていた石橋さんには歯が立たなかった。議論ですでに負けていたし、その後の事実の進行では、いっそうはっきり負けた」と。中山氏はこの論争で大きな感銘を受け、終戦直後のインフレの中で日本経済崩壊論が横行する中で、彼はいつも反対の立場をとり、「石橋さんは私にとって一論の師である」とその尊敬の念を書いたという。

小泉信三氏は彼の著書『今の日本』（慶友社、一九五〇年）で「終戦以来、この戦争には反対であったと、人々は口々にいふ。……軍が悪るい、右翼が悪るいといふより前に、なぜ己れの不勇を愧ぢないか……今、吾々は過去十年、言ふべきことを言はなかった」と書いているが（自著『折々の断章』（丸善プラネット、二〇一〇年）内、「小泉信三氏」）、石橋湛山は正にそれを実行した人であったのに深い感銘を受ける。

最後の第十一章「首相への道」は戦後の政治家への転身を書いたものである。彼がアダム・スミス研究を中心課題に据え自らの経済記者への改造をしつつある二九歳の大正三年四月の日記に「将来の行くべき道を考える。結局政界に出ること、そしてその準備として新哲学の樹立につとめることが最も良道であることに考えが落ち着く」と書かれているのを、小島氏はこの時期の迷い、動揺、苦悩、呻吟を推測させると書いている。私は彼がずっとその意志であったとも思わないが、彼の経済研究も、政治的経済的現実に対する問いかけとして行われてきたのは【ここでは触れなかったが、八章、九章の金解禁に関する章が典型的である】、彼の書いた多くの記事が証明している。戦争に突き進んだ日本を絶えず批判していた彼にとって憂国の思いは強かったであろう。

昭和二〇年に自由党総裁鳩山一郎の要請で同党顧問になって、二一年の総選挙に出馬、この時は落選したが、選挙直後に追放になった鳩山に代わって五月に吉田内閣発足で、湛山は蔵相になった。しかし翌年五月に公職追放、以後六年間の浪人生活となった。その後は、二九年の民主党結成から、冒頭に述べた如き展開となったのであるが、首相辞職後自民党顧問となり、三四年と三八年の二回中国を訪問している。四五年、八六歳で肺炎で聖路加病院に二度目の入院、退院した翌日、夫の看病に精魂を使い果たした夫人が入院、二ヶ月後に八三歳で死去、湛山は四八年、自宅において八八年の生涯を閉じた。私は、彼が弾圧にもかかわらず、どこまでも自分の意思を貫いた事、進退の鮮やかだったこと、これらはいずれも彼が宗教的な信念で人生に向かっていたからだと思い、その偉大さに心をうたれるし、私が知っている同時代の日本でこれ以上の政治家は、いないと心から思っている。この本は湛山の逝去の五年後に出版されている（注六）。

次いで、私が読んだ彼の本は『人生まだ七十の坂』（新潮社、一九九〇年）であった。これは、二〇〇九年、私が六七歳の時、図書館から借り出して読んだのだが、二〇一三年、また借り出して読んだ。そして、二〇一五年、手元に置きたくなってついに文庫本を購入して三度読んだものである。三度読む気になった本というのは、めったになく、私の場合、若い頃からの『福翁自伝』と『氷川清話』くらいしか思い出せない。これは、自分も正に七〇歳代の坂を辿っているために、自己を顧みるよすがとして、読んでも大部分忘れている内容を、再び思い返そうとしたのである。

小島直記氏は、一九一九年福岡県生まれ、この本は七四歳の時に書かれている。彼は東京帝国大学経済学部卒業、海軍経理学校に入り、海軍大尉として終戦を迎え、戦後は故郷の八女市の高校で社会科の教師を務め、その頃から創作を発表し、芥川賞候補になった作品も書いたという（この時は石原慎太郎の『太陽の季節』が受賞作）。後にブリヂストンにも勤めている。実は『小説三井物産』は、彼が四六歳で会社を辞め筆一本の生活をしはじめて数年後、最初にヒットした長編小説（一九六七年『週刊現代』に連載）であるとのことである。

彼は一九八九年、七〇歳の時に直腸がんになり、入院手術、予後の二五回の放射線照射で合計八二日間の長い病院生活を体験した。こういう大変な経験をした後だけに、この『人生まだ七十の坂』は、この人生に対する見方、死を迎える準備など、さまざまの考察が綴られている。

前述の石橋湛山の伝記で書かれたような男性的である本来の文章が、ここでは「です ます」調で、ずっとやさしくなっていて、深刻な病気でやはり人生に対して弱気になってしまった様子が文体にも現れている。あれだけ剛毅な精神の持ち主であった彼であっても、ひとたび身体が弱るとがらっと変わる、ということは、つくづく人間の脆さを感じさせる。手術の二日前に絶望感でまったく暗い気持ちだったのだが、病院長がにこやかにやってきて「先生の本をいろいろ愛読しています」との声にとても明るい気持ちになった、というような正直な感慨も書かれている。英文学者の中野好夫氏の老化現象早見表を気にしたり、スイスの詩人哲学者、アミエルの『日記』で「年を取ることは死ぬことよりもむずかしい」という言葉に深く考え込んだりもしている。自分はどうも実際の年齢より年取って見られるということは、若い時から感じていたがそれを良い方に解釈していた。なぜなら母から「男というものは、年齢よりも老けてみられなければダメ。いつまでも若僧あつかいされるのは男の恥ですよ」と言われて育ったからである。ところが還暦をやや過ぎた頃、近所の人から「老人会の会長になってくれませんか」と言われて愕然としたという。中国の宋代の学者朱新仲が「人生の五計」ということを言って「生計、家計、身計、老計、死計」ということで、死計に関して、葬式に対する一〇年前に考えた計画、本居宣長の遺言書なども書かれていて、自分も遺言をテープで残そうと考えたりもしたという。結局、小島氏は「いいたいことは、ほとんど本のなかに書いておいた」ということで、遺言などは考えないことにした、ということである。

落ち込んだ時は「六歳のとき父を失い、母一人子一人の淋しい生い立ちであり、母の希望を裏切って文学を志し、あちこち転職し下積みの屈辱を味わったこと、ペン一本になっても、却って苦労が増えたこと、七十まで馬車馬のように働いてきて、ホッとする暇もなく癌で死ぬとはなんという不運であるか。人生の敗北者ではなかったのか」、などと絶望感に打ちひしがれてしまったことが書かれている。

また自分は怒りっぽい男である、と書く氏の根源が幼い時の親類からの迫害にあり、弱い者いじめをする人間に対する怒り、敵愾心に変わったとも述べている。そして、これが進んで、九つの別荘を持った山県有朋に対する彼の激しい嫌悪にもなった。死んで国葬となったが、人々は山県を嫌ってその葬式は貧寒たるものであったのは有名な話であるが、長寿や位階勲等のむなしさと逆に、小島氏は、イギリスの『エコノミスト』誌を範とした『東京経済雑誌』を創刊した経済学者で文明史家でもあって惜しいことに短命で五〇歳でなくなった田口卯吉の葬式の際の逸話を述べている。その日は雨であったが、柩と出合った市民は、帽子をとってこれを見送った。彼は衆議院議員を経験したが終始民間にあり、松方正義首相から大蔵次官を要請されたが断っているとのことである（注七）。

森鷗外が遺言で墓石に「森林太郎の墓」とのみ記せという有名な話は、それまで山県有朋の腰巾着で位階勲等の最高を極めた彼の遅すぎるし女々しい心を著しているとし、正岡子規の遺言、その墓碑の最後に「月給四〇円」（当時、東大出の初任給が五〇円の時代、子規は東大を中途退学している）と記した清々しさをこそ賞讃している。

また、城山三郎氏（小島氏より八歳年下である）から贈られた『人生余熱あり』の中身を、丁寧に二〇ページにもわたって紹介し、海外で技術を生かして生きる人たちを賞讃し、年取っても情熱を持って生きている姿を見て、佐藤一斎の『言志四録』の「清忙」という言葉に想いを寄せている。

この本は、数時間ですぐ読めてしまうものだが、人間が状況によって、日頃の強気が手もなく消え去り精神が脆くなってしまうこと、それでいて、同じ人間がまた読書などで元気を取り戻すこともあることを教えてくれる。

人生に「出会い」は決定的なことがあるが、年取って松永安左エ門が鈴木大拙の話を聞いたのが、七一歳の時で、それが彼の終生の大事業「トインビーの『歴史の研究』（大拙に紹介された）の訳業」になった。この間の事情が詳しく語られている。最後に「老いのシナリオ」として、女流作家、野上弥生子氏の白寿のパーティーでの彼女の挨拶と、その会での八〇歳の佐多稲子氏の野上氏に関するスピーチに感動したこと（注八）、九七歳まで生きた晩年の安左エ門氏の日記が引用されて、小島氏が考える彼の心境が解説されてもいる。これらの三人を称揚して、佐藤一斎のこれも『言志四録』にある「一燈を提げて暗夜を行く。暗夜を憂うることなかれ。ただ一燈を頼め」をみごとに実践されたとして、この本は終わっている。この本は、氏が落莫の心境から再び気力を回復して行く過程が書かれていて、しみじみした気持ちになった。

そして、次に読んだのが、まさにそれを表題とした『一燈を提（さ）げた男たち』（新潮社、一九九九年）である。小島氏が好きな言葉だということだが、この意味、特に「一燈を提げる」というのは、小島氏は、前述の『人生まだ七十の坂』では多くの欲望のうちで、「ただ一つだ、あとのものは捨てよ」、と言われたとき、ほとんどの人は迷い、困ってしまうのではないか。その一つのものを終生、失わずに生きるということ、と解釈したという文章がある。それは人により異なるであろう。もっとも私などはあれもこれもの欲張りの俗人であるから、そんなことは考えて見たこともない。また普通の解釈は、はっきりしない不安な中でもあくまでも可能性を信じて生きよ、ということらしく、こちらの方が一般的だし、これなら私でも、人生そんなものだと理解だけは可能である。

七〇歳でがんになった小島氏が、再度また七三歳で、今度は悪性耳下腺腫瘤というがんになり、再び死を覚悟したあとに書きはじめたものである。幸いにこのがんは化学療法で完治した。

これは雑誌『選択』で九三年～九九年まで連載されたものとあるから、小島氏が病気回復直後の七四歳から七九歳までの六年間に書かれたことになる。内容は本の題名から想像するようなしかつめらしい話でなく、彼がいろいろな本を読んだり、考えたことを書いたかなり自由な随想の集積である。

ここでは体力の回復もあったのであろう、話が毎回縦横に飛んでいて、気力の充実した再び勇ましい文体になった本来の小島氏に戻っている。そして彼の単なる作家を越えた、近代史実の研究者としての姿勢、知識がいたるところで現れている。そして伝記作家として、登場人物はことごとくその生れた時から活躍の場までの履歴が簡潔に述べられ、その人物の時代背景、そのような人物になった必然性などが、解き明かされ、非常に迫力があり面白い。

私は、ここに至って小島氏は個々の人物あるいは群像を通じての歴史上の人間の批評家、一種の史論家になったのではないかと感じた。この中でいくつかまとまった物で私自身得るところがあったものを取り上げたい。

小島祐馬（おじますけま）氏。

竹之内静雄（注九）著『先知先哲』に「南海の隠逸　小島祐馬先生」という章があり、それが格調高い名文で、小島氏はこれを二度目のがんの闘病中に読み、感動しいつかこの好きな祐馬（以下、直記氏と混同をしないように祐馬とする）のことを書きたいと彼のことを年表的に整理したいと思ったという。

彼は高知県生まれ、熊本の五高を経て、一九〇七年（明治四〇年）京都帝国大学法科大学を卒業、中国に興味を持ち、北京に遊学し長く滞在したいと思ったが、当時の中国ではそれが叶わず半年で帰国し、あらためて京大文科大学に入り直し、哲学科（支那哲学史専攻）を三一歳で卒業、その後、河上肇のすすめで京都府立第一中学校の非常勤嘱託教師になった。

一九一〇年（明治四三年）から一九一四年（大正三年）に亘って『経済大辞典』（同文館）九冊が刊行されたが、その中で河上肇名義の日本近世経済思想家に関する項目はすべて祐馬が代筆したとのことである。河上肇は「立派な原稿で、どうする必要もなかった」と書いているという。

彼は、河上肇がどんなに言っても、原稿料の半分しか受け取らなかった。河上とのつきあいは、河上三〇歳、祐馬二八歳の頃で、祐馬が京大再入学の時に河上を訪ね、社会主義経済をやるにはどんな書物を読むべきかと問うたのが生涯の交わりの始めだった。河上夫人は「はじめから、おわりまで、主人がもっとも信頼申上げていた、お友だちです」と竹之内氏に語っていたとのことである。

祐馬は本を買うのが大好きで、彼の家は書物で一杯で、客も二人が限度という状態だったという。河上は「彼は貧乏に強い人です。本だけ買えれば満足なんですからね」と言っていた。小島氏は「祐馬の中学教師時代こそ、豊かさの上に成り立つ清貧の典型」と書いている。

その後、一九一九年（大正八年）京大経済学部が独立、祐馬は講師に招聘され、東洋経済史を講ずる。三年後、京大文学部助教授、フランス留学を経て、一九三一年（昭和六年）五〇歳で文学部教授となり支那哲学史講座を担任、同年文学博士となっている。文学部長を経て、一九三九年京大人文科学研究所の初代所長となって二年後に依願退職。

この間にその人柄を物語る逸話はいろいろあるが、浜田耕作総長が逝去し、その後の総長にと選挙に出ることを懇請された時、「私は故郷の土佐に九〇歳になる父がおり一人で暮らしている。今までは父に仕えることができなかったが、幸い定年退官が来たので、私は土佐に帰る」と総長の話など、一顧だにしなかった、と書かれている。退隠六年目に苦労をかけた夫人が死去、三年後に六九歳で再婚している。また、戦後の一九五〇年、吉田首相の意を受けた文部次官が東京から訪ね、文部大臣になって欲しいという吉田首相の要請を伝えた時、畑仕事をしていた祐馬はちょっと考えて「わしは麦を作らんならん。そんなことをしているひまはない」と答えたそうである、文部大臣は友人天野貞祐がなった。

竹之内氏が昭和三七年、八三歳の祐馬氏を故郷に訪ね、帰りにバスの停留所まで送ってもらったが、田んぼ道で自転車の女学生が行きかうと、ぱっと降り、先生に一礼、先生も礼を返す、一人の例外もなかったと述べ、そのような日常を送り、八五歳で、長逝と書かれている。

このようなストーリーの間にも、小島氏は、彼の大好きな中江兆民のこと、最初、兆民について書いた祐馬の文章が実によかったので、この人に就いて知りたく思ったこと、河上肇のこと、祐馬の講義を聞いた貝塚茂樹氏の感想、彼の家を訪ねた長谷部文雄氏の印象、そもそもの竹之内静雄氏のことなど、実にさまざまなる記述が挟まれていて、興味深い記述になっている。

小島氏は、二〇数年前に、安岡正篤氏が「昔の人間には、隠居入道ということがあった。今の日本人は隠居入墓である」と書いているのを読み、それ以来、いつもこの言葉が念頭を去らない、人の生涯を考える時も、「晩年は？」とそこにポイントを置く、と述べているが、最近の私も、全く同様である。生涯の総決算、その人の考え、生きざまは、年老いてからのその人の振る舞いにすべて現れると思うのである。この本は正にそのような関心で内容が貫かれている。

佐貫亦男（またお）氏。

航空工学の専門家、戦前、戦闘機のプロペラの研究で業績があり、戦後東大工学部教授。彼は定年後、旅行記、道具の研究などでいくつかの著作がある。『佐貫亦男のアルプ日記』を六五歳で出版し、『佐貫亦男のチロル日記』、『ドイツ道具の旅』など、八四歳までに九冊書き、小島氏は全てを愛読書としたようだ。私はどれも読んでいないので、著作に関して何も言えないが、このように自分の専門を離れて、自分の興味を追いかけ悠々の老年を過ごした典型なのであろう。

小島氏は先輩たちが今の自分の年齢（七四歳）の頃、どうされていたかということに深い関心がもたれる、と述べている。例えば、八五歳の評論家、本多秋五氏は『一閃の光』という新著を出したが、そのあとがきに「七九年の春、明治大学をやめた時、これからは自分の生涯の「残務整理」に専念すると宣言した。八〇年に入って、何とか教室に、週一回出て話すことも断った、そんなことをしている余裕はないと思った。書斎の壁には『専心専念』とか『七二歳の老人よ、あとがないぞー』とか、スローガンを書いた紙がべたべた貼ってある。息子がそれを見て『まるで受験生だね』と冷やかした」ということが書いてあるという。私も、これらを読むと彼の生きていく必死な姿勢が伝わって、感嘆する。

歴代首相指南役という題の節では一～十一節にわたり、血盟団の四元義隆を中心として、さまざまの人物を書いている。一九三二年（昭和七年）日蓮宗の僧侶であった井上日召に率いられ、国家改造計画と称して一人一殺主義を掲げた血盟団事件（元蔵相井上準之助、三井合名会社理事長団琢磨の射殺、西園寺公望、池田成彬、牧野伸顕の射殺未遂、いずれも被告は無期ないし長期の懲役の判決を受けたが、二度に亘る恩赦で、八年後に全員出所）の多くの実行犯が東大、京大出の選良学徒であったこと、四元自身東大内で「七生社」という右翼団体（大正十四年に発足）に所属し、吉野作造を担ぎあげた、赤松克麿、宮崎龍介らによって作られた左翼の「新人会」（大正七年に発足）と張り合っていたことなど、私が知らなかった事を、彼らの生れから説き起こして詳しく叙述している。彼らが安岡正篤の指導も受けたが、安岡氏の行動に至らない説教を軽蔑するに至ったことなども書かれている。

それにしても、動機が純粋な国家の改革であったにしろ、殺人を起こしてもやがて出所、解放されることなど、現在では考えられない。戦前の日本の精神状況、左翼に対しては幸徳秋水他十数名をでっちあげによって処刑し、右翼をこのように野放しにしたのであるから（一九二三年、アナーキスト大杉栄を殺した甘粕大尉は懲役三年（注十）、一九二九年の山本宣治の殺人では犯人は六年の服役後釈放、一九三二年の五・一五事件は犬養毅首相殺害その他で最高禁固一五年）、権力側の意向というのは異常であり、こういうテロ事件が頻発したことが一般国民を萎縮させ、軍国体制を実現していったのであった。

四元氏は、牧野伸顕を射殺するのが役目であったが、なぜか決行直前に自首したという。その原因は裁判で被告になっての上申書にも書かれていないと記されている。

その後彼は近衛、鈴木首相秘書を務め、戦後は政界の黒幕的な存在として吉田以降、宮沢に至るまでの歴代自民党総理、特に中曽根、細川政権では「陰の指南役」であったと言われている。

内藤濯（あろう）氏。

小島氏は非常な読書家である。福岡高校時代に文丙（フランス語選択）であったこともあり、若い頃からフランスに憧れをもっていたようで、三〇代の半ばにブリヂストンに勤め、四三歳の時に社長の好意で初めてフランスを旅行したというが、六〇歳後半から七〇歳代でフランス各地を何回も旅行したようだ。

「六十年」という節は十一節に亘り、内藤氏の『実習仏蘭西文典』を学んだ高校時代からのさまざまの経験、それに絡んだいろいろのことが書いてある。内藤氏はサン＝テグジュペリの『星の王子さま』（一九五三年）の翻訳で有名だが、小島氏はこの内藤氏についても伝記作家らしく、彼の父のことまで調査、言及している。彼の父は、肥後熊本の学者であった横井小楠の門下生内藤泰吉であり、ここで小島氏は、横井小楠についての蘊蓄を何節にもわたって傾ける。泰吉は坂本竜馬が福井の小楠を訪ねて来た時の思い出を濯に語ったという。それによるとその頃は竜馬はこちこちの攘夷論者で、開国論者の小楠（竜馬の二〇歳年上）を説得に来て、言うことを聞かなかったら小楠を切るつもりで乗り込んだ。これは全く勝海舟との初対面の状況とそっくりである。話が激論となり、隣りの部屋で控えていた泰吉は先生に危難が及んだら障子を蹴破って飛び込む覚悟をした。ところが突然二人が笑いだしたという。泰吉はいつも小楠の読書、勉学の相手をしていたが、そのうち医術を志し、長崎で蘭方医術を学び、明治三年頃、熊本に洋風病院を建てた。しかし、漢方医の抵抗でこの病院が立ち行かなくなった。小楠はこのことを知らずに明治二年、五九歳のとき京都で攘夷派の刺客の若者たち六人によって暗殺されている。これらは濯が一九六九年（昭和四四年）熊本日日新聞に『未知の人への返書』という随筆を百回連載したものに書かれているそうである（この時、濯は八六歳）。

内藤濯氏

横井小楠

小島氏は、内藤濯をいつも内藤濯先生と書いていて、先生とはついにお目にかかることができなかったが、その著・訳書に出合ったこと、その結果先生が自分の人生にとって実に大事な存在になられたと尊敬の念をもって書いている。小島氏が『星の王子さま』の訳書に出合ったのは、三四歳の時、爾来、先生の心情の温かさ、謙虚さ、高潔さに深く打たれたことを忘れられないと述べている。

濯は晩婚で四〇歳の時、結婚三年目、妊娠中の母と一歳の私を残して、一人フランスへ行く時の緊張感が、彼の唯一の日記を書かせることになったのかもしれないと子息の初穂氏が書いている。フランス滞在の間の話、西園寺公望は女を家に引き寄せて仕事をするなど、日本人がパリに行くと女浸りになる例が多いが濯はそういう気持ちとは無縁であったことが日記に書かれている。小島氏はその日記に書かれている内容もくわしく知らせてくれる。親しく付き合ったのは辰野隆（東大仏文科の四年後輩）と岸田国士（くにお）（陸軍中央幼年学校の教え子）でしょっちゅう芝居を見に行った。

また、濯は旧制一高の教師から一九二八年（昭和三年）東京商科大学（現一橋大学）に奉職したが、それは経済の学校で文学者としてはのんびりと自分の好きなフランス文学をできるということであったが、内藤ゼミナールに一人来たのが優秀な学生であると紹介された後の作家の伊藤整だった。

内藤濯の『星の王子さま』との出会いは、児童文学者石井桃子が英訳を読み、濯に原語からの翻訳を勧めたからで、それは濯が七〇歳のときであった。

彼が原作を開いて、「おとなは、だれもはじめは子供だった。しかし、そんなことを忘れずにいる大人は、いくらもいない」という言葉が飛びこんできたとき、彼は身のすくむ思いがしたという。「おとなの悪さを、やんわりといっている志の高さに、頭があがらなかった」と前述の随筆に書かれているそうである。たぶん、小島氏も同じ思いであったのだろう。それが彼の内藤濯氏を終生尊敬する原点であろうと想像する。

内藤先生は、一九七七年（昭和五二年）、九四歳で天寿を全うされたと、書かれている。

小島氏は年取って何回もフランスに行ったようでそれらは「旅情」、「フランス紀行一」、「フランス紀行二」、「パリの追憶」、「坂道―アラン回想一」、「校庭―アラン回想二」、「秋の旅」、「墓地」などに書かれている。それらは特にここで記すほどのこともないが、ジヴェルニーのモネの自宅とか、シュノンソー城、プロヴァンスのアヴィニオン、アルル、またトゥルーズ、カルカッソンヌ、パリではパンテオンの近くにアランの勤めていたアンリ四世高等中学校（リセ）を訪ねたことなどが書いてある。これらは私も家族で二年間パリにいたので地名を見るたびにいろいろ思い出が蘇って来て懐かしかった。私達は常に自家用車による家族連れの単なる観光旅行であって、訪れた場所は彼の経験の数倍にわたるが、その時の気分は、若かったし彼のような感傷的なものとは程遠かった。もうあれから三〇年経っている。月日は全く早く、自分もこの本が出版された時の小島氏八〇歳の年齢にあと五年、だんだん近づいているのだと思うと、人間として、先述の本多秋五氏じゃないけれど「あとがないぞ」という気持ちにもなるのである。

小島氏はしばしば佐藤一斎の『言志四録』の教えを参照する。なにかあると、彼の文章が出てきて、人生正に一斎の教えの如くといった趣である。私は以前、私が雑に通読した時の感想を書いたことがあり（自著『いつまでも青春』内、「佐藤一斎」）確かにそれはもっともな文章は多いが、一斎はつまらない道学者だという思いが強い。そこは小島氏の生真面目さが現れているのだろうし、性格の違いもあるが、やはり世代の違いがあるなあと思う。

その他、富岡鉄斎、サマーセット・モーム、などいずれも端倪すべからざる老年の生活を送り（鉄斎は数えの八三歳以降、モームは六四歳以降の生活が記述されている）、それなりの境地に達した人たちが描かれている。また、この本でも、松永安左エ門、森鷗外、ド・ゴールその他以前にも扱われた人たちのことが述べられている。中江兆民、尾崎咢堂、北一輝、宮崎滔天、リシュリュー、ビスマルクなどのことも、若き日よりその生涯のあらましが小島氏の所感を含めていろいろ書かれているので、知識としてだけでなく、また新たなる考え方として得るところは多い。

例えば、一九八五年、六六歳の時、フランスに住んでいる若い日本人夫妻をドライバー兼ポーター兼ガイドとして雇い、夫妻でパリから南フランス、グルノーブルまで南下し、ここからスイスを巡りローザンヌからフランスに戻り、パリへ戻る一九日間の旅行で、シャンパーニュの中心地エペルネに向かう途中、ド・ゴールが亡くなったコロンベ村の彼の墓に詣でた経験が述べてある。氏の記述では、その墓には「シャルル・ド・ゴール　一八九〇〜一九七〇」とだけ刻まれていた。その墓の清楚な姿が胸を打った。位階勲等など、いっさい刻まれていない。氏はこれにド・ゴールの遺書を追加していて、これはその遺書の希望通りであった。これは森鷗外と全く同じである。しかし、その生前の生き方においては根本的に異なり、鷗外は権力者山県有朋に忠実であったが、ド・ゴールは上司ペタン元帥に背反した。ここに人物評価のポイントが存在し、遺言書の本質的相違点も浮き彫りになってくる、と書いている。

幸田露伴の二度目の妻は、意外にも稀代の悪女で、露伴晩年の逆境、不遇は糖尿病とこの悪妻が元凶であると、断言している。私は辰野隆氏が露伴は晩年人の到達する最高の境地に達した人と絶賛していただけに意外であった。人によって知識もとり方も多様なのだなと思った。小島氏も最も敬愛する作家は露伴と書いている。

私は幸田文の『父—その死—』（中央公論社、「日本の文学」五〇巻、一九六六年、に所収）を読んでみた。これは露伴が昭和二〇年から寝たきりになり、二二年七月三〇日に八〇歳で臨終を迎える直前の約二〇日間の看病の様子が描かれている。露伴が二八日明け方、文とやや長く話し、「じゃ、おれはもう死んじゃうよ」と言ったという有名な話が載っていた。この書自体は、文が早く亡くなった姉と弟に比し、父からあまり可愛がられなかったという意識の中で、離婚して一人娘とともに、文化勲章受章者で世間からも文豪と称された露伴と共に九年を過ごし、臨終までの十数日さまざまの思いで看護にあたったなりゆきを女性らしく非常にことこまごまと書いたものであった。読後感としては、露伴自体は、すでに死に近い状態であり、家庭の人に対しては誰でも陥りそうな態度であって、これをもって徹底大悟したという世人の言葉を伺わせるものは何もなかった。むしろ、当時作家になることなど考えてもおらず、偉大な父という世間の評価を、娘としてその重荷に耐えていたように思われる幸田文の父に対する献身と心映えが美しく感じられた。彼女は父の死で初めて『雑記』、『終焉』とこの作品を載せたのが、執筆生活の始めとなったそうで、当時自分を「思い出屋」と言っていたそうである。

小島氏の本に戻る。「語録」と題した節で、次のような記述がある。

「七七歳になった誕生日に、若い頃からなんども挑戦した哲学書に再度と考え、カントの本にアタックしたが、すぐに本を投げ出してしまった。半世紀以上昔になったあの頃から今まで、私は分厚な哲学書よりも、いろいろな人物の『語録』によってこそ、人間あるいはその一生の意味を学ぶことが多かった」。

これは全く私にとっても同感で、私は若い日に観念的な哲学書は意味があるとはとても思われないと放棄したし、彼が言うアランやモンテーニュ、鈴木大拙の話のほうがはるかに説得力があると感じている。小島氏は、同じように素晴らしい例として森信三（注十一）の『一日一語』を挙げて、その短い文章を載せている。いずれも襟を正して読むような文章であるが、その中の一つだけ印象的なものを抜き出すと「人は退職後の生き方こそ、その人の真価だといってよい。退職後は、在職中の三倍ないし五倍の緊張をもって、晩年の人生と取り組まねばならぬ」とある。

これは、厳しい教育者としての言辞で、凡人の自分としては、振り返ってもとてもこんな状態ではなかった。人生は楽しまなくてはならないと、愉快に過ごした時間がたくさんある。ただ、フリーになると、毎日の生活の計画は自分で作らなければならないので、その意味で人生に今迄にない自主性が必要とされ、張り合いがあると同時にその取り組み方は全く自己責任となるので、頭の使い方がそれまでと随分違って過ごしてきたのは事実である。

一橋大学経済学部を出て作家になった城山三郎氏はいわゆる「経済小説」の開拓者となったが、多くの評伝小説も書いている。小島氏は同じく経済学部を出たが言わば「伝記作家」としての道を歩んだ。二人ともに社会で働く男の生き方を主題とした作家であるが、両者の作風を私なりに比較すると、城山氏は基本的には優しい性格で、企業家にたいする記述にしても柔らかく、それに比べると小島氏はどちらかと言うと対象に対し厳しく強気でより男性的感じがする。

小島氏の作品の愛読者であり、彼を芯から好きで尊敬していたと思われる『中央公論』編集長であった粕谷一希氏（一一歳年下）が『人生まだ七十の坂』であとがきを、また『一燈を提（さ）げた男たち』では序文を書いている。

前者では、がんと戦いそれに奇蹟的に打ち克って、あえぎあえぎ七十の坂を登りつめてゆく男の心境が書かれているとし、その内容を簡潔に述べた後、九六歳まで生きた松永安左エ門に比べればまだまだ若い。ご自愛の上、これからも人物月旦を語り、人生を語って頂きたい。ここまできたら、小島さん、存在するだけで意義があるのですから。という実に印象的な文章を最後に語っている。

後者は、小島氏が二度目のがんも克服し、すでに五年以上経っていてかなり本来の調子に戻っているのを反映して、粕谷氏の口調も軽くなっている。この本は、実は雑誌『選択』で連載した「古典からのめっせいじ」をまとめた五冊目の本だという。他の四冊は、私はいずれも読んでいないものだったが『出世を急がぬ男たち』、『逆境を愛する男たち』、『回り道を選んだ男たち』、『老いに挫けぬ男たち』と続く軽妙なエッセイ集だそうである。粕谷氏は、小島さんほど、男たちを描き続けた作家は他にいない。古来の『プルターク英雄伝』や『史記』をあげるまでもなく伝記の傑作を多く有することこそ、その社会の成熟度を物語る。小島さんは日本の伝記文学に市民権を与える為に苦闘した先駆者である、とその大きな貢献を賞讃している。

彼は「小島さんは硬派の文士である」と述べているが正に至言であると思う。そして、さらに「いま、小島さんは、自らの命を知って悠々と生きておられる。諦念に立った強さといえよう。名誉欲、権勢欲を潔癖に嫌い、一介の文士として生きてきた自分に自足されている」と尊敬の念をもって書いている。

小島直記氏は、私が考えるに、自分の可能性をぎりぎりまで追い求め、二〇〇八年、八九歳で見事な生涯を送って亡くなり、粕谷氏も二〇一四年に、八四歳で亡くなった。いろいろ考えると、なにか茫々の思いがする。

注一、　中上川彦次郎は四七歳で亡くなったが、一〇人の子福に恵まれ三女がオペラ歌手藤原義江に嫁し、後に参議院議員になった藤原あきである。また、フランソワーズ・サガンの『悲しみよ、こんにちは』がベストセラーになり、シモーヌ・ド・ボーヴォワールの『娘時代』、『危機の女』外、多くの作品を訳したフランス文学の翻訳家の朝吹登水子は朝吹英二の孫である。

注二、福沢門下の池田成彬、福沢桃介、松永安左エ門、小林一三氏等、また大久保利通、益田孝、鮎川義介、福地桜痴、石橋正二郎、郷誠之助等に関する作品もある。

注三、東京専門学校（早稲田大学の前身）政治科を卒業した法学者、東京日日新聞の記者、論説委員を務め、その後コロンビア大学留学を経験し、明治三七年に帰国し、三年後教授になっている。この頃に湛山が相談したことになる。後年、第四代の早稲田大学総長（一九三一年〜一九四四年）になった。

注四、金解禁については、すでに自著『悠憂の日々』（丸善プラネット、二〇一三年）内、『私の履歴書』読後感」で高橋亀吉氏のところで触れたことがある。一九一四年勃発の第一次世界大戦で欧米各国は金の国外流出をおそれて一時的に金輸出禁止の制度をとった。これを金本位制に戻すのが金解禁の意味であるが、一九二八年までに他の主要国はいずれも金解禁を行い、五大国（米英仏日伊）で残ったのは日本だけとなった。問題は為替をどうするかで、金輸出禁止の時点の旧平価にする方針の浜口内閣の金解禁政策に対し、石橋湛山、小汀利得、高橋亀吉、山崎靖純の四氏は、時局にあった平価に切り下げた上での金解禁、いわゆる「新平価解禁論」を唱えた。大方の経済学者、評論家は皆旧平価論者であったが、彼ら四人はこの意見に抗して、全国で反対演説をして回ったという。しかし、一九三〇年、井上準之助蔵相のもと旧平価の金解禁が実行されすぐに大不況が来て、一九三一年犬養内閣、高橋蔵相のもとで金輸出を再び禁止することになった。この本の記述は小島氏の経済学の知識が存分に発揮されて書かれている。

注五、一九四五年二月、クリミヤ半島のヤルタで、ルーズベルト、チャーチル、スターリンによって、終戦後の世界の国際秩序を議論したもの。日本の北方領土に対するソ連の要求もこの時認められたと言われる。

注六、その後、石橋湛山のことを書いた『石橋湛山　リベラリストの真価』（増田弘著、中公新書、一九九五年）が出版され、そこでは湛山の生涯が総括的に記述されている。著者は小島著の一〇年後から始まってこの本以前に既に三冊の湛山に関する本を出版していて、いわば湛山の研究者といった存在である。参考文献も非常に多く、多分湛山に関するあらゆる文献材料を網羅している、と言ってもよいだろうと思われる。著者が慶應大学法学部政治学科卒で現在東洋英和女学院大学社会科学部教授だからか、優れた経済学者としての湛山のことは金解禁に関する一節しか書かれていないが、政治に関したことは、「対米移民不要論」、第一次世界大戦後の「対華二一ヶ条」に対する反対をはじめ、「シベリヤ出兵」反対論、「満州放棄論」というように大陸膨張政策を一貫して批判した彼の「小日本主義」、また「普通選挙実施要求」などの湛山の政治上の主張が書かれている。

また戦後の政治家としての湛山の動きに関しては、全体の約四割を占め、小島氏の本が戦前、戦中を中心としていたのに比べ、戦後の彼の考え、行動が非常に詳しく書かれている。例えば、首相退任後、彼の年来の主張である中国との友好を目指す二度の訪中では周恩来などとも会談し、これらが実を結んで、一九七二年九月二九日、田中角栄が日中国交正常化を実現した時、田中は出発に先立つ九月二五日に、湛山を訪ね、顔を紅潮させながら湛山の手を握り、「石橋先生、中国に行ってきます」と挨拶したという。湛山が亡くなったのは翌年四月であった。

注七、　田口卯吉（一八五五年～一九〇五年）については、『田口卯吉』（田口親著、吉川弘文館、二〇〇〇年）に詳しい。号は鼎軒、明治時代の日本の経済学者、歴史家、実業家。母が儒者佐藤一斎の孫であって幕臣の出だが、徳川の大政奉還で一挙に収入が激減し、父は彼が五歳の時亡くなり、窮乏に喘ぎ生活に苦労した少年時代を送っている。明治七年、二〇歳で大蔵省で働くことができた。しかし、薩長の人々が上位を占める役人世界で、彼は批判を強めて、著述に精力を注ぎ、三年後から六年間に亘り『日本開化小史』を発行する。十一年には『自由交易　日本経済論』を出版。大蔵省を辞め、十二年、日本で初めての経済雑誌『東京経済雑誌』の出版を開始した。この時、渋沢栄一の後援があった。犬養毅の「保護貿易論」と論争を繰り返している。この雑誌は関東大震災で廃刊になるまで、継続された。卯吉は、その後、東京府会議員、衆議院議員を歴任。明治三八年、五一歳で死去。卯吉の葬儀の当日は豪雨であったが、会葬者は千余名に達したという。

注八、　この時の話は、小島氏は非常なる感動を持って聞いたとみえて、後の『人間の運命』（致知出版社、一九九九年）でも再度書かれている。なお、この本は、かつて小島氏が致知出版社の求めに応じて「伝記に学ぶ人間学塾」という連続講演を行い、その中の一九九三年に行った「人間の運命」というものを後年まとめたものである。中では、「刎頸の契」として、北一輝、大川周明、安岡正篤のことを書いた部分が、彼等の国家を思う気宇壮大さと、一方、前二者の個人的無頼なる行動とが詳しく書かれていて迫力があった。また幸田露伴の後妻は非常な悪妻であったこと（幸田文は先妻の子）など、知らなかったことが書かれていた。

注九、小説家、京都大学文学部哲学科卒、『大司馬大将軍霍光』、『先師先人』、『先知先哲』等の作品があり小島氏も愛読、しばしば引用している。また、筑摩書房社長でもあった。小島氏の「中国雑感」の節に、竹之内氏は八〇歳を超えていまなお、私の囲碁の師匠であるとの表現があり、『大司馬大将軍霍光』が傑作として紹介されている。

注十、これは甘粕の犯行ではなく、もっと上層部の組織的犯罪であるという説がある。彼はスケープゴートにされたということを権力者側も知っていたため、軽い刑となった可能性もある。彼自身後年「俺はやっていない」と述べていたそうである。

注十一、京都大学哲学科で西田幾多郎の教えを受けた、哲学者・教育者。私は全く未読であるが、非常に多くの本を書いている。小島氏は森氏の「一代の哲学者西田幾多郎先生に八年も師事しながら、最後のところで尾骶骨のように残っていた大学的アカデミズムから、完全に開放せられたのは『二宮翁夜話』

の巻頭の言葉、『まことの道は天地不書の経文を読みて知るべし』の一語によるものだった」という文章を載せている。

また、二〇〇五年、ライブドアによるニッポン放送買収問題でフジテレビ側のサポーターとなったことで有名になったＳＢＩホールディングの社長、北尾吉孝氏の著『森信三に学ぶ人間学』（到知出版社、二〇一一年）によれば、森氏は、晩年八〇歳を超える頃から、日本人の立場から考えた哲学として「全一学」という考え方を唱え、自らの体験と主体性が相まって、人間的完成を目指す生き方を主張した。また日本の国民としての独自性は、もともと教義などない神道の伝統から、東洋と西洋のあらゆる宗教、哲学を受け入れ、それを独自に吸収・消化して行く文化、やがては東洋と西洋の融合した文化を育てるところに、日本の将来の世界的使命があると主張したという。

我が人生、最大の恩師との別れ

木村道之助先生が、昨年二〇一六年一一月一二日に亡くなられた。奥様の一週間後のハガキによると、九月頃から教員用のお茶の水の三楽病院に入院されていて一応死因は心不全と書いてあったが、眠るように旅立ちました、とあった。先生は大正一三年生まれ、実に九二歳の大往生であった。家族での密葬とのことで、それは済ませたとも書かれていた。私は茫然としてしまい、その後、しばらくは何もする気にならなかった。

先生に最後にお会いしたのは、その年の天気のよかった五月一日で、「久しぶりでお会いできますか」と電話をかけたら、奥様がぎっくり腰で起きられないので、外でということで、先生は自宅の近くの国立オリンピック記念青少年総合センターを指定し、その中にある、明治神宮の木々と遠くに新宿、渋谷のビルディングを望む見晴らしのよい九階のレストラン、「さくら」で、昼過ぎ軽い飲み物で一時間半ばかりお話をした。

どうも胸に水がたまるので、また抜かなければならないなどと言っておられたし、以前よりやややつれた感じではあったが、相変わらず活発に話をされた。その時、先生は「また安岡先生の本が出た。その本の中の写真に若い時の私も皆と一緒に載っているんだ。びっくりしたがこれだよ」と実に嬉しそうに話され、その写真を見せて下さった。その本は『安岡正篤教学　一日一言』(致知出版社、二〇一三年)であった。その写真は次ページの下に載せた。そしてその場で私はその本を戴いた。

それから数ヶ月経って、九月ごろお宅へ電話したら、奥様が「主人は自宅で転倒しそれ以来寝たきりになり数週間前から入院していまして、すぐには退院できそうもありません」とのことだった。これは、もうどうなるか解らないという感じだったので、よくなったら向こうから連絡が来るだろうと、こちらからは遠慮していたのだった。そして先の通知になったのである。

先生は青年時代に戦後政界の指南番として知られた安岡正篤氏（注一）に長い間私淑され、彼の門で日本の歴史、文化、伝統などを勉強された。そういうことが、先生の雰囲気に強く漂っていた。また、別に私の親が持っていたアルバムに、ずっと若い頃の先生の小さな写真（上の写真）が貼られていた。

昭和 18 年　木村先生、20 歳の姿

安岡正篤氏の家で、正月に集まったお弟子さん達、中央右から４人目安岡氏、６人目の後ろが木村先生

それには母の字で、昭和一八年、二〇歳と書かれており、先生からもらったものであろう。場所も書かれているのだが、それがどこかは判別できなかったが、いずれかの小さな神社であろうか、鳥居の前で、白い羽織、袴姿で、若い頃の先生の精神の拠り所を彷彿とさせるようなものである。

先生は、私が富ヶ谷小学校に入学をした昭和二三年の一年生の時の半年余りの担任だった。小学校は戦災で焼けて、二階建てのコンクリートの壁だけが残り、その両側に木造の平屋の校舎が建てられていた。教室の数が足りず、一年生は午前の授業組と午後の授業組に分かれる二部授業が行われた。最初は私達の担任は末村先生という大輪のバラのような美しい女の先生だったのだが、何かの都合で(その後先生は同じ学校で復帰された)、一時的なものだったらしいが、九月の二学期になったら木村先生になった。色白の美しい先生から、いきなり怖そうで大柄、熊のような木村先生に変わって子ども心にも最初は面食らった。今から考えると、木村先生は当時、二四歳である。私達は小学校の門のすぐ傍の借家の二階に住んでいて、多くの先生が校庭のはずれの長屋に住んでおり、どういうわけか、わが家にしょっちゅう来て、週末には父の麻雀相手になっていた。木村先生もしばしば来られた。

翌年、我が家は代々木山谷町に小さな家を建てて、二月に引っ越しをした。その時、木村先生が山谷小学校に転校する私を学校に連れて行き、新しい一年の担任、広岡貞子先生というこれも美しく落ち着いた先生に教室で紹介してくれた。どうも木村先生はその頃から私に目をかけてくれたようだった。木村先生自身も山谷小学校の戦前の卒業生でずっと近くの初台(現在は代々木五丁目)に住んでおられた。渋谷区の先生同士だから同年輩の広岡先生も知っておられたのだろう。山谷小学校の校長先生は竹内和子先生で、女性で日本で初の小学校の校長になられた方だと聞いていた。

富ヶ谷小学校の先生たちは、わが家が山谷町に移ってからも、週末には数人で我が家にやってきて、父達と徹夜麻雀を続けていて、私の中学時代まで一時期我が家は素人麻雀塾の様相だった。私は掘り炬燵の角に座っていて、そのゲームを観戦していたが、そのうちルールを覚え、時には先生達の棄て牌を「違う、違う」などと口走り、父から「子どもは黙っていろ」と怒られたりした。十時頃には「子どもはもう寝ろ」と父に言われしぶしぶ子ども部屋に引きあげたものだった。その頃から私は勝負事が面白くてたまらない子供だったようだ。先生たちが正月の三が日には二日間、代るがわるに我が家でお雑煮を食べ、ごろ寝しながら、面子を変えて楽しむという年もあった。几帳面な父は記録帳を作っていて、近所の麻雀好きも含めて、二五人くらいいたろうか、その中で一番は木村先生で、まだインフレ麻雀の前であったが、総計、数百万点以上だったと記憶している（注二）。

高学年になって、先生から講談社の世界名作全集の中の『ホメロス物語』（ホメロス原作、本間久雄著、一九五二年）を戴いた。これは『イーリアス』と『オデュッセイア』の子供向きの本だが、私にとって初めてのギリシャの物語であり、後年に、ギリシャ神話やソクラテス、プラトンなど多くのその頃

富ヶ谷小学校の校舎

1年担任の末村先生

1年担任の木村先生

1年担任の広岡先生（右）、
左は竹内校長
（6年の卒業アルバム）

の文化に対する興味のきっかけになった。

小学校六年で、木村先生は、三人の富ヶ谷小学校のできの良い生徒に私を加えて、受験の勉強の手ほどきを数ヶ月、一週間に一度くらいしてくれたことがある。その時のことはほとんど覚えていないが、問題集を使って答えさせるといったものでなく、半分以上雑談だったような気もするが、ある時、幕末の話になり、先生が話した安積艮斎（あさかごんさい）のことを私が知っていると言ったら驚かれ、「文宣はなぜそんなことを知っているんだ」と言われたのだけを覚えている。私は小学校高学年で偉人伝をたくさん読んでいて、たまたまその中に出てきたからであった。それは吉田松陰の伝記だったかもしれない。彼は江戸に出て昌平黌で艮斎の生徒になったこともあったからである。

小学校 4 年生の冬、わが家の庭で、菰を被せた芭蕉を背にして、上が木村先生、下が私

さっぱりわけのわからない私達は秋に模擬試験も受けさせられた。私は二回ほど受けた。一回目の場所は高田馬場近くの保善高校、二回目は品川にある立正大学だったような記憶がある。数百人の生徒が

受けたと思う。結果、一回目はどうということもない平凡な成績だったが、二回目は全員の中で自分が一番になって私も吃驚した（注三）。試験なんて本当に水物だという気がした。そして、先生は受験に当たって、他の生徒は、麻布とか東洋英和、実践などの私立中学を受けさせたが、「文宣は家が貧乏だから国立を受けろ」と言われ、東京教育大附属駒場中学を受けたのであった。

試験が終わって、先生はこの男女四人の生徒を集め、「試験はどうだったか」と問われ、私は国語、算数、理科、社会で、この問題ができなかった、あの問題も失敗した、などということばかりを言ったのだが、先生は即座に「お前は受かっている。大丈夫だ」と断言された。たぶん、そういう記憶があるということは、冷静に対処したということを何年かの経験から見抜かれたのかもしれない。

中学二年の頃、私も学校に慣れてきて、「文学書などは国語にも出て来るし、いろいろ読んでいるが、その他どんな本を読んだらいいのでしょう」と先生に聞いたら、先生は「文宣だったらこの本を読め」と『福翁自伝』（岩波文庫、一九五四年）と内村鑑三の『代表的日本人』（鈴木俊郎訳、岩波文庫、一九四一年）の二冊を教えてくれた。中学生の私にとっては、両書ともやや難しかったが、ともかく一生懸命読んだ。その後もこの二冊は何度も読み返している愛読書となった（注四）。

先生は、昭和天皇が大好きで、新年の一般参賀には、よく行かれていた。私も大学生になった頃か、一度連れていってくれたが、天皇が出て来て皆が「天皇陛下　万歳」という時には、先生も大声を張りあげていた。私はどうかというと、そんな気にはまったくならなかったので、何もしなかったが、先生は「これは、身についたもので、我々の世代の気持ちなんだ。文宣は不思議だろうが、こればかりはどうしようもない」と笑っておられた。

母は、木村先生の他の先生たちとは全く違う抜きんでていた能力に、公立の学校の先生でなく自分で塾を作って、自分の教育方針に則した学校を作ったらとよく言っていたのだが、先生は結局そういうことはなさらなかった。そうなると、経営能力とか財力など、別の側面が必要なので、先生はそこまでは決心がつかなかったのかも知れない。

大学に進んだ時、先生は「私は、文官は役人になって欲しかったんだがなあ。日本の政治を正しく進める立場になってほしかった」というようなことを言われたのを覚えている。先生の興味は、政治的なことが多かったからであろう。しかし、私は別の動機から、まず現代の特性である科学の発展の理解ができなければと、考えて、理系に進んだのである。この頃の事は、別の自著に既に書いた（注五）。

私が大学に進学した年が、いわゆる六〇年安保改定の反対運動で国内騒然とした年だが、先生は常に保守の立場であり、特に覚えて居るのは、左翼のオピニオン・リーダーの一人、清水幾太郎氏に対して「私はああいう時流にのって意見を変える男は信用しないね」という言葉であった。私はよく知らなかったが、やがて後年清水氏が右旋回したのを見て、私は先生の眼力は凄かったな、と思う（注六）。

私は先生に勧められて安岡正篤著『暁鐘』（明徳出版、師友選書、一九五八年）をお借りしたりした。しかし、先生は知識を広く求めていて、保守的立場一辺倒ではなかった。わたしが先生の書斎の本棚から興味の赴くままに借りて読み通したのは河上肇の『自叙伝Ⅰ～Ⅳ』（世界評論社、一九四七～四八年）であり、また本棚には当時騒がれた初のアメリカでの性の風俗、習慣を研究した『キンゼー報告』なども目に入った。

大学から大学院に進み、私は現在の妻、園子との結婚問題で両親とぶつかり、家を飛び出した。このあと数ヶ月の間、いろいろな人たちが、何とか解決をと仲を取り持つような努力をしてくれたのであるが、それは親子が妥協なくぶつかっているので、どうしようもなかった。私はこの時、木村先生にも自分の気持ちを説明するために参宮橋の喫茶店で、お会いした。

先生は、真剣な表情で私の話を聞いて「それは文宣の気持ちもわかるが、親の気持ちもわかる」と言って、苦悶の表情をされた。先生はもう四〇歳を過ぎておられ、二人の息子さんもいる状況だった。先生は今迄に私の親にもいろいろ世話になってもいて、その恩義は充分に心得ている一方、私を長く慈しんでもきてくれた。その両方の板挟みになっておられたのであろう。私も父と会ったりして和解の努力はしたのだが、父は頑として受け入れなかったし、結局、これは私達親子の問題で、親切であっても他人がどうこうできる事ではなかった。私の双方をよく知る人たちは皆が皆そうだった。私はこれは自分の人生だ、皆がなんと考えようと自らの責任でこれから生きていく、と覚悟を決めていた。そしてそれから約半年後、母一人娘一人で育った園子の母が交通事故で亡くなり、その後、私は変わらず下宿生活だったが、一年あまり彼女も一人で生活をしているのを見るに見かねて、私の高校の友達数人が、「曽我は女の気持ちが全くわかっていない。俺たちが結婚させる」と言い、私の親に会いその意を告げた上、二人が二五歳の五月に、親族を一切呼ばない友人間の集いとして披露宴を催してくれた。

私は先生にも私達が結婚したことを記した葉書を数ヶ月後、暑中見舞いを兼ねた挨拶状で送った。それ以来、私は木村先生ともずっと連絡をとらなかった。ずっと後になって、もう先生が九〇歳近くなって、先生は、微笑しながらその時の私の結婚挨拶状を渡してくれた。先生がなぜ急に私にそんなことをされたのか、よくわからなかったが、高齢になられて身辺整理などをされている時に見つけたのだろう。思いがけないことであった。それには、私の添え書きとして「先生と歓談できぬ立場になった事を残念に思います。両親とは半永久的に和解できないと思うので今後数十年独立自尊で頑張るつもりです。先生が僕を深く慈しんで下さった御気持ちは一生忘れません。ご期待に添えず申し訳ないと思いますが僕は僕としての信念を貫いて強く生きる決意です。読書好きで向上心の強い可愛い妻に恵まれて今は最高に幸せです」と書いてあった。

先生と再び顔を合わせたのは、結婚から十四年後、私がアメリカ、インディアナ大学での三年間の客員研究員生活を終えて三九歳で帰国し、その二ヶ月後の五月一七日に私の母が突然六七歳で亡くなったことを親戚から電話で知らされ、もう会う気はないと言ったのだが、何回も異なる人から母に最後のお別れだけはしろと言われ、断りきれずに通夜に行った翌日の葬式以降になる。父には、自宅の葬式で皆がいる前で「君はなぜここに居るんだ」と激しく叱責され、その後もしばらく会うことは無かった。私は、弟たちや親戚の人たちとは長年の欠落を回復して、すぐ理解が通じ、何度か会うようになった（注七）。

木村先生には、数回電話で話をした後、八月に先生の勤務されている千代田区神田の小川小学校（注八）に伺った。その後も何度かそこに行って先生と話をした。先生は校長になられていた。そこで、先生とはいろいろ話をし、先生は私達のことはもう事実として認めて、何も意見を言われなかった。私達には既に四人の子供がいた。むしろ先生はご自身の今に至るまでの道程について、昔と変わらない優しさで話をされた。

先生は姉一人、妹一人に挟まれた一人息子として育ったが、父を三歳の時に亡くされ、当時、貧乏な青年は、授業料を払うことなく大学に進むには、軍人学校に行くか、師範学校に行くか、どちらかしか方法はなかったので、先生は軍人になる気はなかったから青山師範に行かれ小学校の教員になられた。その頃ペスタロッチの本は必読書だったという（注九）。

私達が離れて居る間に、先生は富ヶ谷小学校の先輩で私も知っていた鈴木先生がなかなか校長にならないのに業を煮やし、教育委員会に「鈴木先生は誠実でいい先生だ。早く校長にしろ」と申し入れた、という話を聞いた。自分はまだ平の教員なのにこんな事を言うなんて、聞いた事がない。なんと豪胆な先生なのだろうと私は感心した。そして鈴木先生はまもなく校長となられたという。

その内に先生は、かなり経って東京都の八丈島の小学校の校長となった。五〇歳になる数年前で、四〇歳代でなるのは非常に稀だったらしく、それが最初の校長としての赴任先であった。それはそこの教職員が組合活動が激しく共産党系に支配されているので、何とかして欲しいと教育委員会かどこかから頼まれたからとのことである。そこに二年間おられて、それを片付けて、島から帰って来たのだが、その時島の人たちと強い酒を飲み過ぎて、数年後胃潰瘍になり三分の二を切除する手術をされた。それ以来先生はお酒をやめはしないがかなり控えるようになったという。その後、世田谷区立桜丘小学校に三、四年居て、小川小学校に移られたとのことである。

小川町は渋谷区のような山の手と違って、神田明神や湯島聖堂にも近く、江戸時代、明治時代からの古い伝統、風俗、習慣があり、いろいろ楽しいことがあって土地の人々とも親しい関係となり、先生は職務を楽しんでおられるようだった。この時の六年間が最後の校長勤務で、退職されたという。

私の次弟の有壬（ありよし）は独身でずっと実家で父と住んでいた。私は、代々木の実家にも何度か行って父と弟に会うこともあり、徐々に気持ちのわだかまりを解くように努め、先生も時々つきあってくれたが、父は私が何か言ってもほとんど応対せず、父にとっての孫である私の子供を連れて行ってもかたくなな態度に終始した。父はずっと地元の町会長を勤めていて、妻を亡くした寂寥に耐え続けているようだった。私も研究と四人の育児で忙しく、そんなに父のことにかかずりあう精神的余裕もなかった。

私はアメリカから帰って二年後、今度はフランスのサクレー原子力研究所に行き、家族六人で二年間滞在した。帰国時は、長女は中学二年、二人の息子は小学生で、共に現地のフランス人の学校に入れていたから、帰国後の子供の教育でもなかなか大変だった。

正月、高尾山に行き、山頂で初日の出を見た

三浦半島の民宿に泊まりがけで行って、海岸で釣りや海水浴を楽しむ

弟の免許皆伝祝賀会、前列左から、杖朋会幹事の保科康雄氏、有壬、弟の師匠であった黒田市太郎先生、木村先生、我々の兄弟子の浜地康剛氏、後列左端が私

弟の有壬は、高校の非常勤の教員となり、武道家ともなっていたが、もともと父との折り合いが悪く、父と一緒に生活しているのが可哀そうにも思われ、私は彼を、よく子供達と一緒に近くの山や海に連れて行った。木村先生も、よく弟の面倒を見てくれていたようだ。先生は我々三兄弟を「長男は知、次男は勇、三男は仁」とよく言われていた。

三男の哲至（てつゆき）は温厚な優しい性格で大阪で結婚し、そこに住んでいたのでめったに会うこともなかったが、有壬は神道夢想流杖道で杖朋会という道場を笹塚につくりそこで弟子もできていった。九〇年に、私は東大原子核研究所から、千葉市稲毛にある科学技術庁放射線研究所（放医研）に移ったのだが、彼はその年に免許皆伝となって祝賀会があった時、私も呼ばれ、木村先生も来て下さった。

先生は既に相当頭の毛が後退していたが、先生の二人の子息たちも成長し、特に長男は教育大附属駒場中学に入り私の後輩になり、その後東大に進み、社会人となっていて、先生も幸せそうだった。ある時、高校卒業の同窓会の名簿が欲しいと言われ、私は終身会員になっていたから数年に一度それを送られてくるので、その時の最新の名簿を先生に渡した。先生は長男の名前をそこに見つけたかったのだろうと思う。

父は、九三年に八三歳で自宅で亡くなった。最後はかなりボケて入院中に看護婦に「ここはどこだ」などと大声で怒鳴るので、家族に来て欲しいと言われ、私は弟と交代で他の患者もいる相部屋に泊まり込んだりしたこともあった。最後まで、私は父と和やかに話をすることはなかった。頑固一徹の父だった。木村先生はいつのことか、「君のお父さんは、お母さんに惚れぬいていた。実際、早矢仕家のお嬢さんであったお母さんは人間的にも大きく、本当はお母さんの方が人間として格が上だった」と話されていた。私も、世間的には勿論、父の方がいろいろ活躍し、最後は渋谷区連合町会長を務めたりしたのだが、人を判断する上では、母の方がものの広い見方のできる人だったと感じている。また彼女が多くの人を助け、葬儀に四百人近くの人が集まったというのも、普通の主婦ではめったにないことだった。ただ、昔風なところもあり、父の私の結婚問題の反対にそれを押しとどめる所までは行動しなかった(注一〇)。

木村先生の教え子の中には、ヴァイオリンで天才少女と言われた篠崎功子さん、妹のハープの篠崎史子さん(共に東京芸大教授になった)とか、バレリーナの小林紀子さんなどが居て、先生はよく招待状をもらって彼女たちの音楽会やバレー公演に行かれていたようである。私は彼女等と同年輩のやはり先生のかつての教え子で私の一学年下の女性、下村(その時は相田姓)洋子さんの家庭教師を大学に入学してすぐ先生に頼まれて、夏休みの間に毎日のように教えたことがある。彼女は三輪田学園に行っていて、学年でも一番良くできたそうだが、あまりに生真面目で勉強と生徒会長の両方で、高校三年の春に過度の疲労で腎臓の病気になって三ヶ月ばかり入院し、授業に遅れたのが心配でということだった。私は英語を主体に教科書に沿って教え、より自信を持たせるために、二学期の分も勉強させたが、もともと良くできる真面目な子だったので、秋に授業に出たら私の方が進んでいたと、直ぐに自信を取り戻し、翌年春には希望の大学に入学した。卒業数年後に彼女の結婚式には私も招かれたのだが、木村先生がお祝いのスピーチで、「洋子さんは、与謝野鉄幹の詩にある『妻を娶らば才たけて、見目麗しく情けあり』の正にそのような女性です」と述べられたのが印象深い。

私は東京大学附属原子核研究所にいた八五年の研究所三〇周年記念公開の時に、先生を研究所にお呼びしたが、放医研でも、私が携わった重粒子がん治療施設ＨＩＭＡＣ（Heavy Ion Medical Accelerator In Chiba）が完成し、臨床試験が始まった九四年六月から二ヶ月後の八月の装置点検期間中に、私は妻とともに、先生と有王、そして先生と同じように、若い頃に私を可愛がってくれ、中学の頃、尾瀬に連れて行ってくれたり、スケート、スキーの手ほどきをしてくれた故上田三郎さんの奥さんである京子さんを研究所に招待した。

丁度この時、木村先生は古希を迎えられていたので、ささやかながらも我々としてそのお祝いも兼ねた。先生はその巨大な装置にも感嘆されていたが、その後のお祝い会でも非常に喜ばれていた。

尾瀬での上田三郎さんと私

ＨＩＭＡＣを見学

上田京子さんから花束の贈呈

５人の記念写真

先生は、日本の古来の文化について非常に該博な知識をお持ちであった。これは若い頃から安岡正篤氏の元で勉強をされていたこと以来の、長く深い研鑽の結果であろう。

また、書道について、私の全く知らない多くの知識をお持ちで、また能書家でおられた。毎年、上野で開かれる日本書道展にはよく行かれたようだ。先生の毛筆の字は、素人の私が見ても気品があって素晴らしいと惚れ惚れするものであった。左の上図は、私が大学院に進んだ頃、私達三兄弟と一緒に正月にお酒を飲んだ時に先生が書かれたものである。また、下図は、私達が埼玉県和光市の賃貸団地に六人家族で住んでいた八九年に先生をお呼びした時の御礼状である。はがき、手紙の字体は一点一画もゆるがせにしない緊張感の溢れたもので、私はとてもまねのできるものではない、といつも感に打たれた。

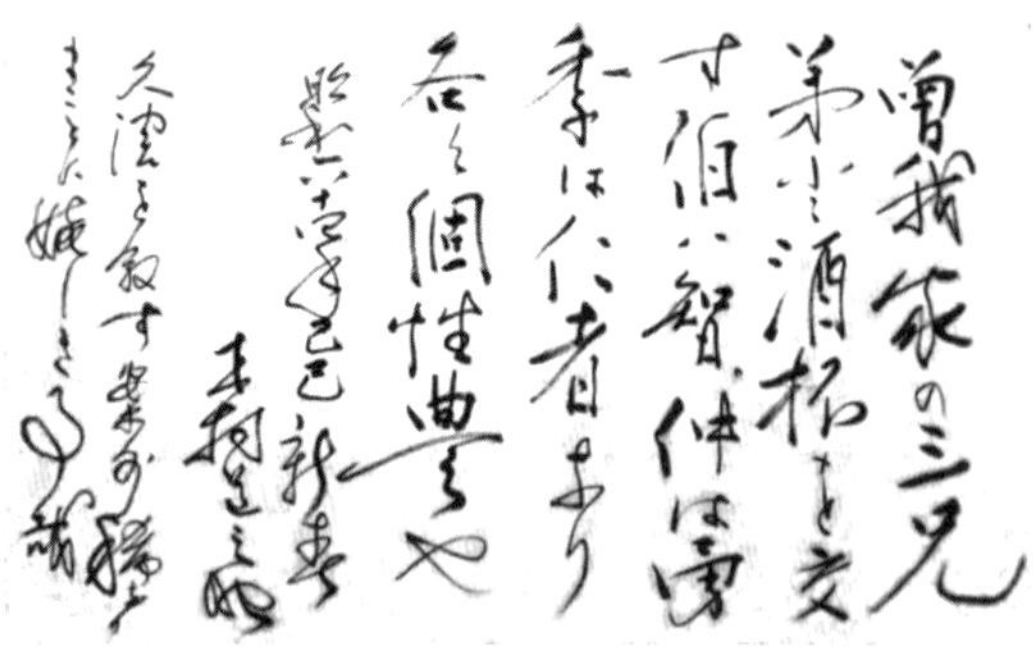

木村先生の書

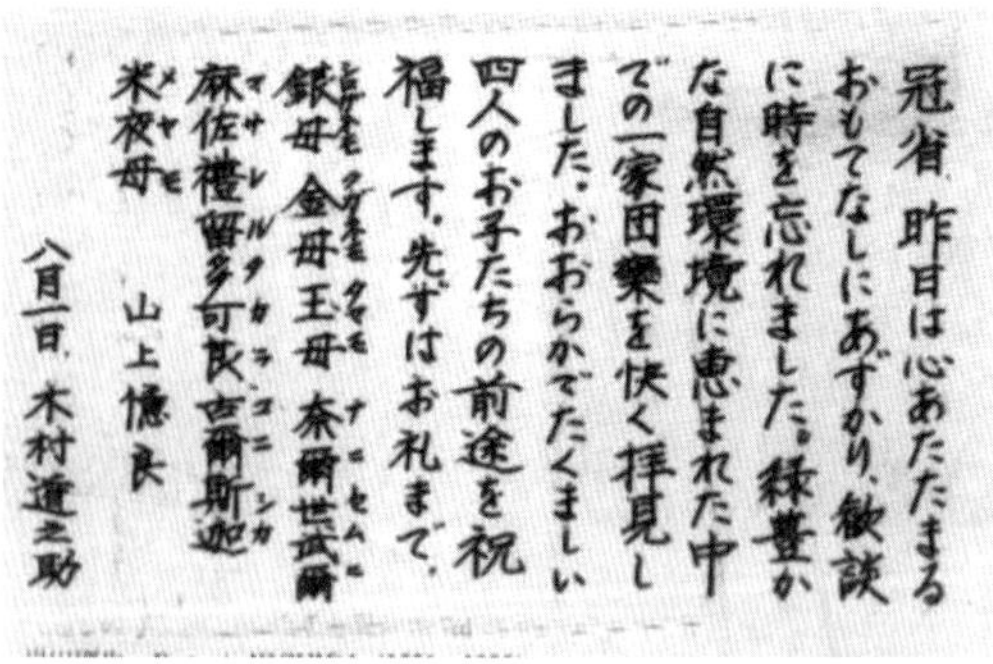

冠省、昨日は心あたたまる
おもてなしにあずかり、歓談
に時を忘れました。緑豊か
な自然環境に恵まれた中
での一家団欒を快く拝見し
ました。おおらかでたくましい
四人のお子たちの前途を祝
福します。先ずはお礼まで。
銀母《しろかねも》 金母《くがねも》 玉母《たまも》 奈爾世武爾《ナニセムニ》
麻佐禮留多可良《マサレルタカラ》 古爾斯迦《コニシカ》
米夜母《メヤモ》
山上憶良
八月一日、木村道之助

木村先生からのはがき

二〇〇〇年に、先生から、知人が肺がんになり、このままでは長くないと言われ悩んでいる。文宣の作った装置でなんとかならないかと相談を受けた。その方は先生が小川小学校の校長でいた時にＰＴＡの会長をしていた方で小林泰治さんといい、東大を私より早く卒業されているが今は昇龍館という小川町の旅館を経営されているという。私は放医研の医者を紹介し、小林さんは炭素線治療を受け、治療終了後、私の物理工学部長の部屋に奥様とともに挨拶に来られた。私が初めて、患者の相談をされて対応した方で、先生からは直ぐ御礼状が来た。その後、肺がんは完治したようで私は非常に嬉しかった。二〇〇二年、我々が初めての自宅であるマンションに住んだ時、先生は弟有壬と共に千葉幕張本郷まで来て下さった。その時も、数日後にお礼の挨拶状が来た。先生はそういうことではいつも律義であった。

有壬は二〇〇七年の年の暮れ、一二月二三日にクモ膜下出血で亡くなった。先生は葬式、火葬場にも来られ、それ以外にも、わが家で行った親族の四十九日法要、納骨の際も、親族以外の唯一の人として来て下さった。

有壬の雑司ヶ谷墓地での
納骨の際、左は哲至夫妻

有壬は大きな身体で偉丈夫であり武道家としても一廉の人物となったが、詩吟も神風流総元代範の免許をとり、曽我神杖という名前で、一時期代々木の家で教えて居た。そのように古来の日本の伝統文化に強く傾倒していて、政治的には無邪気であったが先生と同じく保守寄りだったようである。

年取ってからはよく、坂東三十三観音霊場や秩父三十四観音霊場、江戸三十三観音などに自動車で行っていた。それらの納経帖が、出て来た。木村先生も一緒だったかもしれない。木村先生とは、また明治時代の有名人の墓などの遺跡にもよく出掛けたようだ。

私が息子達から聞いたところによると「おじちゃんは右翼だよな。ちょっと変だよ。どうしてそんな風になったの」と聞いた時、「うん。これはすべて木村先生が悪いんだ。あの先生の言うことを聞いてばかりいたから、こんなに変になっちゃったんだ」と笑いながら答えたそうだ。先生にとっても彼は可愛くてしょうがない存在だったと思う。

彼が亡くなって、私は哲至と相談し、代々木の古い家を壊し、代々木の土地を折半し、私達はその半分一〇〇平方メートル弱の土地に新居を建てて千葉の幕張本郷から移ったのだが、親の持っている遺物の中に、たぶん曾祖父の早矢仕有的あたりが集めたと思われる、細長い桐箱に入ったいろいろな掛け軸があった。その中には吉田松陰、勝海舟、高橋泥舟の書があった。山岡鉄舟のものもあったようだが、それは先生が是非欲しいと言われたようで先生の御自宅に飾られている。私はそれらの字がなんて書いてあってどう読むのかさっぱり判らないので先生に来てもらってその読み方を教えて戴いた。

先生は最後の本人の署名の後の落款（らっかん、大きな印章）を見て、これは間違いなく本物であると断言された。例えば、松陰のものには、吉田矩方とあり、これは松陰が吉田寅次朗藤原矩方（のりかた）と言っていて、そうなるのだといった具合である。そしてそれぞれの書の字句を解説して下さった。松陰の詩は「四海皆王士兆民 仰大陽 歸期君勿問 到處講尊攘」であった。山岡鉄舟と共に「幕末の三舟」と言われた勝海舟のもの（上）と高橋泥舟のもの（下）を次ページに示す。これらの旧字、そして略字を含む書体はとても私には手におえないものであった。先生は、海舟のものは判るが泥舟のものは難しく私も調べたとも言われていたが、その読み方、意味を丁寧に御教授下さった（注一一）。

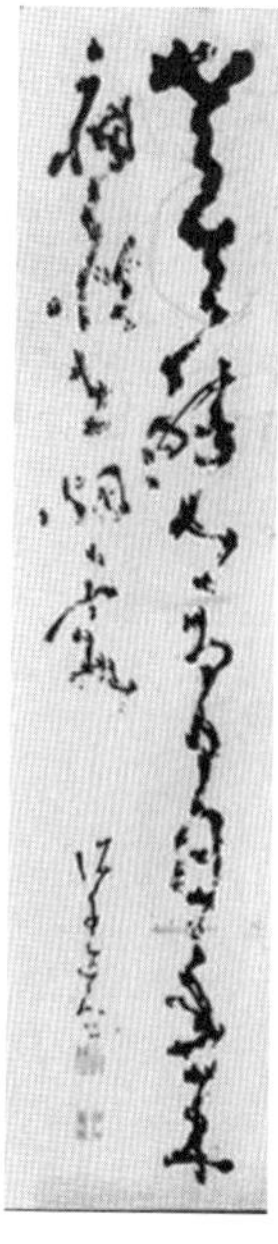

他にも佐藤一斎、元田肇、河東碧悟桐などのものがあり、名前の署名がなくても落款だけで先生は作者を同定された。私は、一方、その時出て来た筆や墨、硯、和紙など、私が持っていてもしょうがないので、先生がもし良ければという範囲で受け取って戴いた。

先生は、日本全国の神社、仏閣を多数訪ねておられ、伊勢や出雲、京都、奈良は言うに及ばず、東北の中尊寺、毛越寺、立石寺、萩の松下村塾や、柏崎の五合庵、岡山の閑谷学校、長崎の亀山社中跡、鹿児島の集成館、その他歴史的に有名なところはことごとく訪ねておられ、私もそういうところを随分訪れたので、話しだすと切りがないほどであった。また、先生は都内の美術展、博物展にもしょっちゅう出掛けられ、特に日本の美術に関しては、飛鳥、天平の仏像、書画から、奈良、平安、鎌倉、室町、江戸時代、また近代の日本画家の作品もことごとく御存じで、その特徴を私達にも説きながら楽しまれていた。もちろん、地方の有名な美術館にも多く行かれていて、倉敷の大原美術館、安来の足立美術館など、あげだすときりがない。先生が小倉遊亀が母娘を描いた「径」を「いい絵だね」と言ったり、宮沢賢治の作品を話す時は、いかにも小学校の先生といった慈父のような感じであった。また、西洋の美術にも造詣が深かったが、特にセザンヌの平かな筆のタッチ、マティスのなだらかな線がよいといっていたのは、御自身、書道での筆使いに通じるものがあったからかもしれない。時々、割引券があるからと持ってこられ、私達もよくそれで夫婦で出かけたりした。

先生は、私達が代々木に転居してからは、よく自転車で私達の家に来られて、数時間の歓談をした。いつも「今から行きたい」と電話があり、突然だったので、電話が来ると、我々は急いで居間を片づけて先生の来襲に対応しなければならなかった。そういう時には、文学、美術、旅行の話もされたが、いつも最後の方では政治の話になり、時のニュースなどに対するさまざまの意見交換の場になった。妻の園子もいつも一緒に聞いていて、ときどき「私も知っているわ。それはこうなのよね」と話をすると先生は「よく園子さんはそんなことを知っているね」と感心され、逆に彼女に質問されることもあった。

先生は無類のスポーツ好きで、特にプロ野球、大相撲となると話が止まらなかった。

また、先生は私の曾祖父、丸善の創立者早矢仕有的の墓参りに雑司ヶ谷にはよく行かれていた。彼の墓の裏側の事蹟を記したかなり長い彫文は、すべて書きとりその文章を私達に下さったし、雑司ヶ谷墓地の案内に、他の有名人の場所が記されているのに、有的の場所の位置が記されていないのに不満で、これだけ文明的に立派な功績をあげた人より、他の芸能人などの案内が出ているのは、気に食わない、管理事務所に言うべきだとしばしば言われていた。

先生が八五歳過ぎであろうか、尾崎咢堂が毛筆で書いた色紙（複製）をいただき、それには「人生の本舞台は常に将来に在り」と書かれていて、それには大いに勇気づけられたことを、自著『いつまでも青春』のまえがきに書いた（注一二）。私も自分の著書が出版されると、いつも真っ先に先生の御自宅に行って出たばかりの本をお贈りした。そしてまた、いろいろな話をした。

その後も、渋谷区の主催で毎年催されていた、明治神宮の内苑での菖蒲の鑑賞会、また国立能楽堂での狂言、能の鑑賞会でもしばしばご一緒した。渋谷区の新年宴会などでは、私を引き回し、区長や役員に私を紹介して、ちょっと含羞を漂わせながら「私のかつての教え子です。実は私よりずっと立派になって出藍の誉れです」などと実に嬉しそうであった。そのたびに私は非常に面映ゆい思いをした。

2014年6月、明治神宮菖苑にて

2015年11月、国立能楽堂にて右より木村先生、小林泰治氏、木村先生の息子さんの奥さん、小林夫人、園子と私

また、一方では当時の桑原敏武区長が多選を繰り返しているのを見て「人間引き際が一番むずかしい。それが大切だ」と本人に直接説教をしているとの話を何度か聞いた。

桑原区長は三期目の満期二ヶ月前くらいの渋谷区の新年会、私も出席したが、その挨拶で、それまで周囲にも知らせなかったようだが、突然自らの決心を述べ、非常に見事に退任を表明した。

桑原区長は慶應大学出身、私より五歳くらい年上だが、教養のある人格者で、渋谷を今日の文化都市として成長させた本当に名区長であったと思う。

渋谷区新年会で
桑原区長と

このように、木村先生は亡くなる一年前までは非常にお元気でいつお会いしてもそのお話は明晰で、毎日のようにあちらこちらに出掛けられていた。

先生からのお手紙は、年賀状が一番多いが、最初が昭和四一年、私が大学院修士課程二年の時で「今年もひたむきに研鑽をつまれ、玉成されますよう心から祈ります」とあった。翌年、私が家出したあとには「行くに径に由らず（注一三）。君の歩ゆみを刮目しております」、そして私が結婚してからは、私も連絡を絶ったのだが、母が五六年に亡くなって、数年経って、次が六一年、六三年で後者には「充実した心身をもって、大いなる研究に立ち向かっていることと思います」とあり、ともに「時には歓談したいですね」と書かれている。平成に入っては、平成十二年五月に全国町村教育長会を退任いたしましたとあった。先生はこれに先立つ数年間、この会の事務局長を務められたと伺っていた。

平成二〇年には、叙勲をされ瑞宝双光章を受けられ、豊明殿で天皇陛下に拝謁を賜った報告挨拶状があった。天皇家を若い時からひときわ崇敬されている先生にとっては、私達には想像もできないほどの感激であったのではないかと思う。

私は、平成二五年と二六年、渋谷区から依頼されて、教育委員会の主催である一般区民向けの文化講演会で六回、区役所主催の職員の研修講演会で三回、講演をした。その頃の年賀状には「区のひたむきな要請により貴方の講演会が中央図書館で開催されます。定員の満席を念じ上げます」と書いてある。

また最後の平成二八年の年賀状には「理系、文系に渡り教養豊かな著書を刊行し流石です。有意義なその道を続けてください」とあった。

そういう先生が亡くなられて、私は非常に悲しかった。もうあの先生と会えないと思うと、胸の中からどうしようもない寂しさがひたひたとこみあげて来る。これが人との別れというものなのだ。

静かに考えて見ると、あのように人間的スケールの大きかった先生にとって、小学生の教育などは、ほんの片手間の仕事であったのではないか、とも感じる。先生には幾多のこと、日本の歴史、文化の事柄や、物、人の見方を教えられたが、私にとって一番大きかったのは、先生の日本人としての「男の生き方」であったと思う。先生は大柄で顎の四角く張ったいかつい顔をされていて、みかけ上、女性的要素は全くなかった。いつも厳しい態度に見えた。しかし、半面、実に優しい慈愛に満ちた方だった。それはみごとな昔ながらの日本人としての姿であったと言える。先生は、男は年取ってきて、一番磨くべきは人間としての「風格」ではないかとも言い、近年の政治家には、そういう人がほとんど見当たらないとも言われていた。先生ご自身は正に「国士」としての風格があると私は感じていた。物事に厳格な真面目さを貫き、一方、私達には、まことに優しかった。私は、東洋、日本の文化について、これからも研究をする人は出るだろうが、先生のようなそれに関する深い教養を身につけ自らそれを体現しているような人は、我々の世代は無論、今後とももう出ないのではないかと思う。

先生には、私が六歳の時から、亡くなる昨年まで実に六八年間、お世話になった。このような立派な先生に恵まれたこと、その事実に、私は本当に感謝の念で一杯になる。

先生は私が若い時は私のことを「文宣」と呼んでいた。私が年取ってからは子供の頃から周りから呼ばれていた「宣（のり）ちゃん」とも呼んでいた。私は先生から何を吸収したのか、自分ではよくわからないほどであるが、考えて見ると、先生には子供のときから人生の精神の骨格、生きる姿勢とも言えるものを身につけさせられた。また、人生の針路をつけてくれた方でもあった。言葉で言えば「先哲に学べ」、「精励せよ」、「真摯に生きよ」、「よき日本人たれ」というようなことであろうか。それが後の私のすべてを支配しているようにも思う。その意味で、今もときどき、あの優しい笑顔で「男として毅然として生きろよ」という声が聞こえて来るような気がする。

もう今となっては心からの御冥福を祈るしかない。木村道之助先生、本当にありがとうございました。

注一、　安岡正篤（まさひろ）氏は、陽明学者だが、よく右翼の大物と言われ、歴代の自民党の保守政治家がその教えに帰依していて、政局の節目に強い影響を及ぼしたと言われている。終戦の天皇の詔書を作ったとか、昭和、平成という年号を考えたのも安岡氏だということである。木村先生は安岡氏を、本当の右翼というのが安岡氏であって、東洋の文化および日本の古来の民族の特質を深く研究した思想家と捉えて深く尊敬されていた。

晩年に彼が、バーのマダムの過去を持ち占い師であった細木数子氏との交情でマスコミにもだいぶ叩かれたことは、「あの時の安岡先生はもう人格的に破壊されていた状態で、ボケが入っていてどうしようもなかった。あれは本来の先生とは別物と判断すべきだ」と言われていた。確かに安岡氏が八五歳で亡くなる二年前のことで、其の時、安岡氏は既に認知症になっていたと言われている。

私も安岡氏の著書は何冊か読んでいる。『東洋倫理概論（いかに生くべきか）』（致知出版社、二〇〇〇年復刊）、木村先生に戴いた『瓠堂語録集』（関西師友協会、二〇〇七年）などである。また、『安岡正篤人間学』（神渡良平著、講談社文庫、二〇〇二年）も読んだ。これらを通じて確かに木村先生の言われた事は正しいと思った。彼の『心に響く言葉―真摯に生きる人のための人間学』（DCS出版、二〇〇〇年）内の「東洋精神と西洋の文化」については、自著『いつまでも青春』内、「東洋の画」で、一部その内容に触れた。

注二、　自著『折々の断章』内、「遊びとゲームの世界」で記述。

注三、　後から考えると、僅か二、三ヶ月の間に実力がそんなに急に上がるわけがない。だからこれはペーパー試験などというものは、当たり外れがあるということで、凄い秀才が入学試験に失敗したり、たいしたほどでない凡才が合格したりということが起こる。その時の運、不運に一時期左右されたりするのが人生である、と思い知った。

注四、『福翁自伝』については、自著『志気』内、「綱淵謙錠　『人物列伝幕末維新史』」で記述。『代表的日本人』は英語で書かれ、欧米に日本人の特質を紹介する為に書かれた。西郷隆盛、上杉鷹山、二宮尊徳、中江藤樹、日蓮上人の五人が扱われている、自著『折々の断章』内、「熟年の生き甲斐」で記述。また、この両著者の世上と異なる人間的評価について、自著『悠憂の日々』内、『私の履歴書』読後感」で書き記した。

注五、自著『志気』内、「バートランド・ラッセル　『宗教は必要か』」で記述。

注六、自著『志気』内、「坂本多加雄　『知識人　大正・昭和精神史断章』」で記述。

注七、自著『思いつくままに』内、「父のこと」で記述。

注八、明治年間に開校した古い小学校。平成五年に、区内の「錦華小学校」、「小川小学校」、「西神田小学校」が合併し「お茶の水小学校」となった。小川小学校の跡地は公園となっている。

注九、自著『悠憂の日々』内、「警察および機動隊」で記述。

注一〇、自著『思いつくままに』内、「母のこと、次弟のこと」で記述。

注一一、先生が下さった説明文によると、海舟の書、「誰知天下士　唯在布衣中　海舟」（誰（たれか）知らん天下の士、唯在る布衣（ほい）の中（うち））　布衣は庶民の意味。海舟の下の字は不鮮明で判らず（安書？）。とあった。

泥舟の書、「老天酔月為日月　年来痼疾在烟霞　泥舟逸人書」（老天の酔月日月と為り、年来の痼疾烟霞に在り）とあり、孝と言う字は、老の字の下が省かれているのだが、老を子が背負うからこう書くのだ、ということも書いてあった。

泥舟は、鉄舟、海舟とともに「幕末の三舟」と言われ、鉄舟の義兄にあたり、槍の名人で絶えず徳川慶喜の身辺警護にあたり、彼からもっとも信頼された一人と言われている。山岡家に生まれ、高橋家を継ぎ、この山岡家の養子となったのが、鉄舟である。

頭山満著『幕末三舟伝』（島津書房、一九九〇年）に詳細が書かれている。

注一二、自著『いつまでも青春』内、「まえがき」

注一三、論語、雍也篇にある言葉。裏道や小道でなく、常に大道を行けという意味。

あとがき

昨年、二〇一六年は、私の人生にとって大きな悲しい出来事が二つあった。一つは、研究人生の恩師である平尾泰男先生が、八五歳で四月に亡くなられた事である。先生が居なかったら私はとっくに研究者人生を続けることなく、他の職業についていたであろう。このことについては前々著『坂道を登るが如く』で「研究人生の恩師、平尾泰男先生」で書いた。

この本は、平尾先生が既に数年間パーキンソン病にかかり、二〇一五年九月ごろ御自宅に伺った時はもうベッドから起き上がれず、私は先生や私が勤めた放射線医学総合研究所の現状、原子力研究機構の一部と合併すること、我々が可愛がってきた島田義也君が今度新しい所長になることなどを話した。先生はなかなか回らぬ口で「ありがとう。放医研のことはよくわかった」と二度ほど繰り返された。

帰宅後、先生もいつどうなられるか分からないと思い、自分の気持ちを生前に伝えないと、と必死になって書いたものである。だからこの出版の二〇一五年には、初めて一年間に二冊の出版となった。出版されてすぐ先生の御自宅に送った。幸い、本は生前の平尾先生に間に合い、もう読むのも苦痛であった先生には、奥様が読まれて、先生はとても喜ばれたようである。先生の死はそれから三ヶ月後のことであった。

そしてもう一つは、小学校一年以来の、長い間の人生の大恩師、木村道之助先生が十一月に亡くなられたことである。こちらは私にとってかなり急だった。これについては本書に「我が人生、最大の恩師との別れ」で書いた。

私の人生にとって、恩師はかずかずおられるのだが、その中でも精神的に非常に大きな影響を受けた恩師が三人居て、一人が東京教育大学附属駒場中・高の校長でおられ禅の大家であった山本光先生であり、他の二人が平尾先生と木村先生であった。山本先生については『志気 ―人生・社会に向かう思索の読書を辿る―』内、「バートランド・ラッセル『宗教は必要か』」で述べた。山本先生には数々の講話とともに、人生には社会的活動や成功の他に、全く別の座標軸、人としての価値、人生観があることを教わった。先生の葬式は、山岡鉄舟の作った日暮里の全生庵で行われた。英語の浅原先生、体育の深野先生と一緒に帰ったが、浅原先生は既に山梨大学に移られていたが「これで教駒の一時代が終わったの感がするなあ」と言われたのをよく覚えて居る。そのお二人の先生も既に亡くなられている。

平尾先生は、自らを「我々二流の物理屋は」というようなことをよく言われた。私は先生が二流と言う意味はある程度わかってはいた。それは、物理学には、凄まじい天才が幾多いるからである。しかし、先生は人間としては超一流であったと思う。物事の考え方、組織的な動き、周囲の人への慮り、特に若い人の指導、彼等との対応の仕方を教わった。そういう先生に巡り会ったということは、何にもまして幸運であったと思う。

木村先生には、この本の本文で述べたように、幼い時から、人のありかたについて、特に日本人としての精神の骨格の全てを教わった感じがする。先生がいたからこそ私の人生はあった、と言ってよいほどである。

一方、私の想いとは全く関係なく、世界の情勢は相変わらず不安定そのものである。

イラクの内乱は、混乱の極みである。シーア派が政権を握って久しく、ＩＳを徐々に追い詰めていっているらしいが、それが終わっても、その後の主導権争いがどうなるか。クルド人までを含めてさまざまの勢力が争っていてどうにもならないであろうという予想もされている。ヨーロッパ各地での、イスラム過激派のテロは、フランス、イギリスを中心として頻繁に起こっている。

シリアでの内戦の混迷は、それによって大量の難民がトルコを経由してドイツなどＥＵ諸国になだれこんできて、大変な問題になっている。ロシアは相変わらず政府軍を支援している。今後十数年は中東の政情を中心にして世界が動いていくかもしれない。

二〇一六年六月、イギリスが国民選挙で少数差でＥＵ離脱を決め、保守党のデーヴィッド・キャメロン首相が引退、内閣で内務大臣でもともとＥＵ残留派だったテリーザ・メイ氏が新首相になり、国民投票の結果をうけて離脱の意思を表明した。さらに今年六月、支持基盤の強化を狙った選挙で、与党は議席を減らし過半数割れ、政局は混迷との状況と言われる。

昨年の一一月のアメリカの大統領選挙で、殆どの人が予想しなかった共和党のドナルド・トランプ氏が勝利した。総獲得票数では双方六千数百万票で、民主党のヒラリー・クリントン氏が一〇〇万票も多かったのであるが、選挙人の獲得数では二九〇対二二八で、共和党が圧勝したのである。政治家の経験もなく軍人の経験もない不動産王と言われるトランプ氏が全米の民衆の心を捉えた事実には、さまざまの分析が行われ、ジャーナリズムは一時期驚天動地といった騒ぎようであった。特に選挙中のトランプ氏のアメリカのＴＰＰ離脱、メキシコ国境との壁のさらなる建設、アメリカ・ファーストの言動で、今後の日米関係がガラッと変わるのではないかという危惧で不安な雰囲気が日本の政界に漂っている。

今年四月のシリアの政府軍基地へのアメリカ軍のミサイル空爆で中東は一気に新しい局面に入った。トランプの決断は政府軍が生物・化学兵器を使用した、二度と同じことを許さないという強い意志表示であるとともに、たび重なる原爆実験とミサイル発射で世界に挑戦的政策を続ける北朝鮮に対して圧力をかける強固な意志の表明であるとされ、原子力空母を朝鮮に向けて航行させている。それにも拘わらず北朝鮮はあいかわらずの瀬戸際戦略で、日本とアメリカに恐喝的な言辞を繰り返し、一触即発の情勢である。トランプ氏は就任後も、自らのロシアとの選挙疑惑への調査停止を望んでFBI長官などを罷免する独善的人事を行い、支持率はここ数代の大統領の中で最低に落ち込み、議会では弾劾への署名活動も行われているようで、今後ともずっと大統領の位置にとどまるかどうかわからない。

このように、目を世界に向けると、世の変転は極まりない。

まえがきに書いたような、「楽日」などというようなことは、世界全体では永久に来ないと思われる。多くの人たちがさまざまの形でそれに向けての解決の努力を行ってはいるのだが。

自らを考えて見ると、こういう政治の世界では、まったく無力である。今までも、日本の中でさえ、何か政治に対してそれ相応の行動を示したかというと、いろいろ考えることはあっても、具体的に有意義な振る舞いは何もしなかった。それは私が自然科学の研究者であることに専心し、政治的に中途半端な考えで行動をとっても、責任ある対応はできないし、何の効果もないと思っていたからである。たぶん政治家、官僚、経済界など、国際情勢に少なからぬ関連、利害などを持つ人たち以外の大多数の国民は、同様ではないかと思う。

そして、それは当然なのである。個人にとって、政治が全てでは全くない。毎日、国民は真面目に働いて、それぞれの仕事場で社会の発展に尽くして、生活に必要な収入を得て、個人生活、家庭生活を支えながら、苦しみながらも楽しんでいるのである。

一方で、最近は、こんな自分勝手な毎日を過ごしているのが、実は楽日そのものなのではないかという気がしてきた。

最近、私はドイツ文学者であり作家の中野孝次著『清貧の思想』（文春文庫、一九九六年）を読んだ。この書はだいぶ以前に評判になってベストセラーにもなった本だが、その時は、題名だけから内容がすぐ想像できたので別に読む気もしなかったのだが、たまたま手に入ったので、読んだのである。想像した通り、例えば兼好法師のことなど伝統的な日本の価値観が書かれていて、中野氏の考えたことは、同じような生活をしてきた研究者である私にとって、違和感のない事柄ばかりであった。

しかし、私にとってさらに新たな多くの事を知った。その中に、かつて北面の武士であった西行が頼朝と会った時の事が書いてある。西行は頼朝に弓馬の事を尋ねられると「すでにみな忘れた」と言い、和歌の道を尋ねられると、「ただ三十一文字を作るだけのことであります。全く奥儀は知りません」と答えたという。彼が世俗の権勢にはなんの関心もないことを示し、頼朝から贈り物を与えられると、門を出た所で遊んでいた子供にやってしまったということだ。

私は、富裕になりたいと思ったことは全くないが、清貧を目指したことも一度もない。そういうこと自体に関心がないのである。ただ、この本で書かれた日本の思想のあり方には非常に興味があり、西行、長明、兼好、芭蕉、良寛のことなどは、一応解っているつもりである。研究者というのは、一般にそんなもので、多くの人が同様であろう。

また、中野氏は江戸末期の歌人、橘曙覧（あけみ）の『独楽吟』という作品について、彼の感性にあったいくつかを紹介している。これは調べてみると「たのしみは」で始まって「・・・時」で終わる形式で詠んだ和歌の集まりで、五二首の歌がある。その中で、私は中野氏とはかなり異なるのだが、まったく同感と思える歌をいくつか選んでみると、

たのしみは　世に解きがたく　する書(ふみ)の　心をひとり　さとり得し時
たのしみは　紙をひろげて　とる筆の　思ひの外に　能(よ)くかけし時
たのしみは　心にうかぶ　はかなごと　思ひつづけて　煙艸(たばこ)すふ時
たのしみは　心をおかぬ　友どちと　笑ひかたりて　腹をよる時
たのしみは　とぼしきままに　人集め酒飲め物を　食へといふ時
たのしみは　人も訪ひこず　事もなく　心をいれて　書(ふみ)を見る時

個人の安心立命を考える限りにおいては、私もこれでよいと思う。一方、それだけでよいか、と自らに問うと、そうだとは言い切れない。社会の幸せ、周囲の人たちへのささやかな貢献など、自分に閉じない視点も重要で、それが大きくなれば、政治のあり方に対する批判にも連なり、それに対する行動のあり方という観点もでてくる。ではどうするのか、と考えると、清貧だけでは済まないとも思う。

人がどう毎日を送り、何を幸せと感じ、何を楽しみと思うかは、まったくその人の考え方ひとつであ

る。

最後に出版に当たって、いつものように丸善プラネットにお世話になった。今回も全体に関して戸辺幸美部長、校正、編集の労は森田亨様に担当して戴いた。森田様は、非常に緻密な校正をして、引用文献はすべて調査されて、私の間違い、思い違いなどをすべて訂正して戴いた。謹んでお礼を申し上げます。

二〇一七年七月

曽 我 文 宣

訂正　前著『心を燃やす時と眺める時』で、一〇三ページ、竹内洋氏の専門を社会教育学としましたが、正しくは教育社会学でした。ここに訂正いたします。

著者略歴

曽我文宣　（そが　ふみのり）

1942年生まれ。1964年東京大学工学部原子力工学科卒、大学院を経て東京大学原子核研究所入所、専門は原子核物理学の実験的研究および加速器物理工学研究。理学博士。アメリカ・インディアナ大学に３年、フランス・サクレー研究所に２年間、それぞれ客員研究員として滞在。

1990年科学技術庁放射線医学総合研究所に移る。主として重粒子がん治療装置の建設、運用に携わる。同研究所での分野は医学物理学および放射線生物物理学。1995年同所企画室長、1998年医用重粒子物理工学部長、この間、数年間にわたり千葉大学大学院客員教授、東京大学大学院併任教授。2002年定年退職。

以後、医用原子力技術研究振興財団主席研究員および調査参与、（株）粒子線医療支援機構役員、NPO 法人国際総合研究機構副理事長などとして働く。現在は、日中科学技術交流協会理事。

【著　書】

『自然科学の鑑賞―好奇心に駆られた研究者の知的探索』2005年
『志気―人生・社会に向かう思索の読書を辿る』2008年
『折々の断章―物理学研究者の、人生を綴るエッセイ』2010年
『思いつくままに―物理学研究者の、見聞と思索のエッセイ』2011年
『悠憂の日々―物理学研究者の、社会と生活に対するエッセイ』2013年
『いつまでも青春―物理学研究者の、探索と熟考のエッセイ』2014年
『気力のつづく限り―物理学研究者の、読書と沈思黙考のエッセイ』2015年
『坂道を登るが如く―物理学研究者の、人々の偉さにうたれる日々を綴るエッセイ』2015年
『心を燃やす時と眺める時―物理学研究者の、執念と恬淡の日々を記したエッセイ』2016年
（以上、すべて丸善プラネット）

楽日は来るのだろうか
――物理学研究者の、
未来への展望と今この時、
その重要性の如何に想いを致すエッセイ

二〇一七年九月十五日　初版発行

著作者　曽我　文宣

発行所　丸善プラネット株式会社
〒一〇一-〇〇五一
東京都千代田区神田神保町二-一七
電話（〇三）三五一二-八五一六
http://planet.maruzen.co.jp/

発売所　丸善出版株式会社
〒一〇一-〇〇五一
東京都千代田区神田神保町二-一七
電話（〇三）三五一二-三二五六
http://pub.maruzen.co.jp/

印刷・製本／富士美術印刷株式会社
ISBN 978-4-86345-342-5 C0095
JASRAC 出 1709522-701